D1854588

Viel Spaß beim Studieren des Papa-Lexikons.

Bestimmt findest Du hier einige hilfreiche Tips.

Alles Liebe für Euch "3"

Regine u. Axel

Romy u. Svend

Mai 2010

ullstein

Das Buch

Eines Tages ist es soweit: Man(n) ist stolzer Vater. Vorbei das entspannte Leben zwischen »Sportschau« und Spontansex. Das Leben wird ab jetzt bestimmt von Hebammen mit zweifelhaftem Halbwissen, bissigen Spielplatzmüttern, einer von Ärzten und Schwiegermüttern getragenen Besorgnis-Industrie und anderen Begleiterscheinungen des Elterndaseins, die Männern das Leben schwermachen. *Wickelpedia* liefert die wichtigsten Überlebenstipps für junge Väter – witzig, prägnant und garantiert politisch unkorrekt. In kurzen, höchst amüsanten Einträgen schildert Constantin Gillies die wahren, oft verschwiegenen Nebenwirkungen der Vaterschaft. Ein humorvolles Buch, das vielen Papas aus der Seele spricht und wertvolle Tipps jenseits herkömmlicher Elternratgeber liefert.

Der Autor

Constantin Gillies, Jahrgang 1970, wollte sich in seinem Leben eigentlich nur mit zwei Dingen beschäftigen: Computern und »Star Wars«. Dann wurde seine Tochter geboren. Seitdem lebt er zwischen Klettergerüst und Kinderarzt und schreibt als Journalist zwischendurch für die *Welt*, *Welt am Sonntag*, *Financial Times Deutschland* und *Weltwoche*.

Constantin Gillies

WICKELPEDIA

Alles, was man(n) übers
Vaterwerden wissen muss

Ullstein

Besuchen Sie uns im Internet:
www.ullstein-taschenbuch.de

FSC Mix
Produktgruppe aus vorbildlich bewirtschafteten Wäldern und anderen kontrollierten Herkünften
www.fsc.org Zert.-Nr. GFA-COC-001278
© 1996 Forest Stewardship Council

Dieses Taschenbuch wurde auf FSC-zertifiziertem Papier gedruckt. FSC (Forest Stewardship Council) ist eine nichtstaatliche, gemeinnützige Organisation, die sich für eine ökologische und sozialverantwortliche Nutzung der Wälder unserer Erde einsetzt.

Ungekürzte Ausgabe im Ullstein Taschenbuch
1. Auflage April 2010

Umschlagkonzeption: HildenDesign, München
Titelabbildung: semper smile Werbeagentur GmbH, München, unter Verwendung einer Vorlage von Constantin Gillies
Satz: LVD GmbH, Berlin
Gesetzt aus der Novarese Book
Papier: Pamo Super von Arctic Paper Mochenwangen GmbH
Druck und Bindearbeiten: CPI – Ebner & Spiegel, Ulm
Printed in Germany
ISBN 978-3-548-28195-7

Einleitung

Herzlichen Glückwunsch!

Du willst also tatsächlich Vater werden. Besser gesagt: Du willst ein sogenannter *neuer* Vater werden – einer, der zu Hause bleibt, Windeln wechselt, Zäpfchen einführt und so weiter. Nicht so wie dein alter Herr, der immer auf Dienstreise war. Nein, du willst das Vaterding voll durchziehen. Du nimmst die Sache mit der Gleichberechtigung ernst. Du hast vor, dir mit deiner Lady die Arbeit zu teilen. Du erwartest kein warmes Essen, wenn du nach Hause kommst, und tust so, als ob es dir nichts ausmacht, wenn dann auch wirklich nichts auf dem Tisch steht.

Na, dann viel Spaß. Eines solltest du aber wissen: Nicht nur dein Kind kommt bald auf die Welt, sondern auch du – und zwar in die Welt der neuen Eltern. Und die ist das reinste Irrenhaus. Ein bizarres, durchgeknalltes und uncooles Universum, in dem keine der Regeln, die du bisher kanntest, mehr gilt.

Komm rein, der Wahnsinn beginnt gleich hinter der Tür des Kreißsaals. Da warten nämlich heutzutage nicht mehr nervöse Typen mit riesigen Blumensträußen, so wie man das aus alten Filmen kennt. Nein, die Gänge einer Geburtsstation von heute sind leergefegt, weil der moderne Mann das Wunder der Geburt – Schmerz, mehr Schmerz, unfassbarer Schmerz – live miterleben muss. Wenn überhaupt, triffst du draußen nur Typen, die darüber fachsimpeln, welcher Schnuller am besten die Bildung neuer Gehirnzellen fördert. Oder die auf ihrem Laptop protokollieren, wie voll die Windel ihres Lieblings heute war.

Ab sofort wirst du dir vorkommen wie auf einem anderen Stern. Worüber man sich gestern noch kaputtgelacht hätte, ist plötzlich bitterer Ernst: Ohrenschmerzen werden auf einmal mit kleingehackten Zwiebeln kuriert statt mit einer Schmerztablette. Der Wickeltisch ist längst schon als Folterwerkzeug geächtet. Und auf dem Spielplatz reden deutsche Eltern Lübke-Englisch – um ihre Hosenscheißer fit für die Karriere bei einem Weltkonzern zu machen.

Du wirst nur noch »train station« verstehen, und zwar überall. Denn die neuen Eltern sprechen natürlich auch eine neue Sprache. Wenn deine Lady die ersten Wehen schütteln, wird ihr die Hebamme nicht etwa befehlen, die Zähne zusammenzubeißen, nein, sie soll den Schmerz »veratmen«. Das erste Schreien erstickt man mit einem »Beruhigungssauger«, der früher Schnuller hieß, und wenn dein Monster im Kindergarten auf einen Matschhügel klettert, macht es dabei nicht weniger als eine »alpine Urerfahrung«.

Doch das Schlimmste ist, dass du als neuer Vater bei null anfangen musst. Alle deine Kindheitserinnerungen sind nämlich für die Tonne – total veraltet. Deine Eltern waren, aus heutiger Sicht, potentielle Mörder. Deine Mutter zum Beispiel: Hat dir damals ernsthaft eine Banane zu essen gegeben, eine *ganze* Banane! Dabei weiß heute jeder, dass man nur das mittlere Stück essen kann; der Rest ist total mit Nitrat oder so vergiftet.

Und im Urlaub? Da haben dich deine Eltern einfach mit Sonnenmilch eingeschmiert und nackt rumlaufen lassen. Der reinste Wahnsinn! Ein Kind darf heutzutage nicht mehr Sonne abkriegen als Darth Vader. Ohne Mütze, Lichtschutzburka und Strandsocke ans Meer – unvorstellbar!

So geht es weiter: Tu dies nicht, fütter das nicht, zieh dem Kind jenes an. Die neue Welt wird dich mit ihren ganzen Regeln und Verboten so kleinkochen, dass du irgendwann bereit bist, das zu tun, was ein Mann niemals tut – eine Gebrauchsanleitung lesen.

An sich ist das Vaterwerden kein Problem, schließlich sind die Buchläden knallvoll mit Väter-Büchern. Wenn du einen sensiblen Ratgeber suchst, in dem ein Warmduscher seine Babytipps aufgeschrieben hat, wirst du sicher was finden. Nur dass du dann selbst bald warm duschst.

Das will *Wickelpedia* verhindern: Dieses Lexikon ist für alle, die nicht nur das Wunder der Geburt interessiert, sondern auch das nächste freudige Ereignis im Bett. Die mit Babytragebeutel nicht unverhofft soft aussehen möchten. Die einfach wissen wollen, wie man einen Tag mit dem eigenen Kind übersteht.

Was ist die Unhappy Hour? Muss man auf dem Spielplatz wirklich wie ein bepackter Sherpa auflaufen? Wie viel Wind macht Windsalbe und wie groß ist die Grabschzone? Zu diesen und anderen Fragen, auf die es jetzt ankommt, findest du auf den folgenden Seiten kompakte Antworten.

Außerdem hilft dir *Wickelpedia*, die Brut in Schach zu halten. Du erfährst etwa, wie man mit dem Gladiator-Prinzip entspannt erzieht und einen Regentag mit Baby kostengünstig rumbringt. Oder wie man es hinkriegt, ein Baby mit Hilfe eines Autos, eines Lakens und zehn Gina-Wild-Videos zu beschäftigen.

Vor allem aber will dir *Wickelpedia* deine größte Angst nehmen: die Angst davor, uncool zu werden. Du hast recht – die meisten Kollegen schaffen es nicht. Aber man muss als Vater nicht automatisch eine Lusche sein! Es ist möglich, hinterm Kinderwagen, auf dem Spielplatz und selbst in der Krabbelgruppe noch eine gute Figur zu machen. Alles nur eine Frage der richtigen (Nach-)Lässigkeit. Im Zweifel fragst du dich einfach: Was würde James Bond tun?

Genug geschwafelt. Du hast keine Zeit mehr für Vorgeplänkel – Windel, Windsalbe und Fläschchen rufen.

Hier also alles, was dir niemand übers Vaterwerden gesagt hat.

Wie immer wird die Wahrheit ein bisschen weh tun. Du solltest den Schmerz einfach veratmen.

Abschieben

Betreut wird heutzutage überall und jederzeit: Kein Fitness-Studio kommt ohne Kinderbetreuung aus, kein Ferienclub und kein Möbelhaus. Das Wort klingt irgendwie positiv, nach Treue und Geborgenheit. Ausgedacht haben es sich wahrscheinlich Eltern mit schlechtem Gewissen. Denn in Wirklichkeit bedeutet Betreuung nichts anderes, als das Kind abzuschieben, um wenigstens für ein paar Minuten am normalen Leben teilnehmen zu können. Und daran lässt sich nicht einmal etwas aussetzen.

Abschieben ist jederzeit erlaubt. Wenn Eltern, Schwiegereltern oder Tanten anbieten, sich um das Kind zu kümmern, solltet ihr sofort annehmen – vorausgesetzt, ihr seid bereit, mit den Kollateralschäden zu leben. Zuvorderst: Die Erziehung bricht völlig zusammen, euer Kind wird grenzenlos verhätschelt, darf nach Herzenslust rumzicken und sich von Gummibärchen und Nutella ernähren. Je mehr Betreuungspersonen im Spiel sind, desto mehr Allüren entwickelt das Kleine später, so die Faustformel. Das ist nur verständlich. Angenommen, beim Fußball würde alle zehn Minuten ein neuer Schiri auflaufen, der die alten gelben Karten nicht mitgekriegt hat – die Kicker würden hemmungslos rumbolzen.

Vor allem wenn Großeltern aufpassen, musst du zusätzlich mit einer bösen Nebenwirkung rechnen: dem Trash-Tsunami. Omas schleppen das gesamte Sortiment der einschlägigen Spielzeugdiscounter ins Haus – geschmackloser Müll, den du eigentlich niemals kaufen wolltest: Barbie-Gartenhäuser aus rosa Plastik, Planschlandschaften mit Wasserrutsche aus blauem Plastik, Bobby-Car-Traktoren aus grünem Plastik. Wenn der Sprecher in der »Tagesschau« mal wieder verkündet, dass das Öl knapp wird, brauchst du nur in deinen Garten zu gucken und weißt, warum.

Doch nicht genug damit, dass Omas deine vier Wände in eine Spielwarenmesse verwandeln, sie handeln obendrein nach dem Motto »Nach uns die Sintflut«, und zwar im wahrsten Sinne des Wortes: Wenn du am Ende eines Oma-Tages in eure Bude kommst, kann es gut sein, dass dich dein Kind mit einer Wasserpistole Marke *Supersoaker* begrüßt – und das mitten im November. Während das Monster anschließend seelenruhig im Bad verschwindet, um den 5-Liter-Tank aufzufüllen, schlüpfen deine Eltern mit einem leisen »Wir sind dann mal weg« aus der Tür. Ähnlich rasch verduften die Herrschaften, nachdem sie das Kind mit grüner Glibbersoße Marke Slime oder Wasserbomben aufgerüstet haben.

AKTIVITÄTEN

Wenn du mit einem Baby alleine bist, packt dich nach wenigen Minuten eine seltsame Unruhe, die du bisher nicht kanntest. Auf einmal fällt es dir schwer, dich zu entspannen, ganz egal, wie sehr du dich auch anstrengst. Denn in deinem Hirn kreist nur noch die eine bohrende Frage: Was zur Hölle soll ich jetzt *tun*?

Der Punkt ist: Du bist nicht der Mann für das fantasievolle freie Spiel. Einfach so auf den Schwachsinn des Babys einzusteigen hast du nicht drauf. Andererseits könnt ihr nicht nur rumsitzen, schließlich kennen Babys das Konzept »chillen« nicht. Die hängen nicht einfach so mit dir ab – nicht mal vor dem Fernseher (der wird erst ab zwei interessant). Die Blagen wollen beschäftigt werden, und zwar jede wache Minute, sonst machen sie ihr eigenes Programm, und das besteht im besten Fall daraus, dass sie 371-mal hintereinander die Toilettenspülung betätigen. Im ungünstigsten Fall verkosten Sie alle Beeren im Vorgarten oder überprüfen, ob Edding-Stifte auch auf Tapeten schreiben.

Also muss dringend Action her. Für dich heißt das: Du wirst viele Orte besuchen, von denen du bisher nicht wusstest, dass sie existieren, wie Ritterspiele, Märchenwälder, Sportvereinsfeste – eigentlich jeden Event, bei dem eine Hüpfburg steht. Und leider führt auch kein Weg vorbei an jenen Orten, die du zu Recht für total prollig gehalten hast (→ Vorbilder), wie Indoor-Spielplätze oder Toys"R"Us.

Die gute Nachricht für dein Portemonnaie: Es muss nicht immer der Zehn-Euro-Superduper-Becher in der Eisdiele sein. Wenn du dein Unterhaltungsprogramm planst, kannst du dir zunutze machen, dass Kleinkinder wie Ossis nach der Wende sind: Für sie ist fast alles neu und zumindest zeitweise interessant. Eine Fahrt durch die Autowaschanlage zum Beispiel beschert dir preisgünstige 20 Minuten mit hohem Unterhaltungswert. Plus: Das Kind ist festgeschnallt und kann keinen Unsinn anstellen. (Achtung: Für schreckhafte Kinder hat die Waschanlage eher den Unterhaltungswert einer Geisterbahn.) Kostenloses Entertainment für kleine Jungs bieten außerdem Großbaustellen jeder Art, Mädchen wiederum lassen sich mit der Aussicht auf eine Pferdewiese sedieren.

Hier ein paar erprobte Zeitkiller, wenn Aktivitäten mal wieder besonders händeringend gesucht sind:

- **Kabelsalat.** Es ist erst 15 Uhr, und du musst noch vier Stunden mit einem anderthalb Jahre alten Jungen rumbringen? Dann ist es höchste Zeit, sich dem Lebenswerk von Gina Wild zu widmen, das noch aus Junggesellenzeiten in deinem Schrank schlummert. Du wolltest die Videokassetten doch immer schon mal auf DVD überspielen? Jetzt ist der Zeitpunkt gekommen! Kram den alten Videorekorder raus samt jedem Kabel, das du finden kannst. Allein dieser Anblick wird dem kleinen Schrauber mehr Sabber in den Mundwinkel zaubern als dir die Cover der Kassetten. Wenn du dann noch einen Schwung Adapter und Verlängerungskabel drauflegst, ist der Nachmittag geritzt. Der junge Herr wird jede Strippe genau inspizieren und wieder rausziehen, so dass es Stunden dauert, bis das Bandgerät mit dem DVD-Rekorder verbunden ist. Hey, aber darum geht es ja schließlich: Zeit schinden. Bevor du das Überspielen startest, solltest du das Zimmer allerdings vorher abschließen. Und zwar von außen!

- **Eiswürfelsuppe.** Ein Klassiker für Sommertage. Einfach eine Latte Eiswürfel auf der Terrasse in einen Eimer kippen – fertig. Gerade bei kleinen Kindern ein großer Erfolg. Pluspunkt: Du brauchst nur danebenzusitzen.

- **Fingermalseife.** Der totale Knaller. Dieses Produkt vereint gleich zwei Lieblingsbeschäftigungen von Babys: sich einsauen und baden. Für rund zehn Euro bekommst du drei Töpfchen Fingerfarbe, die aus Seife hergestellt ist. Damit kann das Kind die Badewanne – und sich selbst – total vollmatschen. Die Aktion bringt dir gut und gerne 20 Minuten, während deren du am Beckenrand auf deiner Playstation Portable »Grand Theft Auto« zocken kannst. (Sollte dein Baby ein Bademuffel sein, hast du Pech gehabt.)

Bei allen Aktionen zur Babyunterhaltung solltest du eines bedenken: Perfektion ist völlig fehl am Platz. Es besteht nämlich eine gute Chance, dass der Nachwuchs die sorgsam geplante Aktivität komplett ignoriert. Lob darfst du schon gar nicht erwarten. Da hast du zum Beispiel den perfekten Tag im Zoo organisiert, mit Eis, Fritten, Gorillas, Abenteuerspielplatz, Elefanten, noch mal Eis und so weiter. Dein Pech, dass sich das Kind an diesem Tag ausschließlich für den Gurtverschluss am Kinderwagen interessiert.

ANGST VORM SCHIEBEN

Ist besonders unter jungen Vätern verbreitet. Die Herren haben panische Angst davor, mit einem Kinderwagen in der Öffentlichkeit gesehen zu werden. Symptome der auch als Kiwaphobie bekannten Krankheit: Man fasst das Gefährt nur mit den Fingerspitzen an und guckt dabei, als müsste man eine verstopfte Toilette reinigen. Oder noch krasser: Der Wagen wird in regelmäßigen Abständen mit Schwung angeschubst, so dass Schieber und Geschobener immer durch ein paar

Meter Abstand getrennt sind. Dazu setzt man eine ahnungslose Miene auf, so nach dem Motto: »Kinderwagen? Kinderwagen?«

Das sind natürlich völlig sinnlose Abwehrschlachten. Früher oder später fliegt deine Tarnung auf. Oder glaubst du im Ernst, dass die Literaturstudentin im Straßencafé nicht den Zusammenhang zwischen einem durch die Gegend rollenden Kinderwagen und einem betont lässig dreinblickenden, zufällig aber zielstrebig ebendiesem Kinderwagen hinterherstiefelnden Typen herstellen kann?

Außerdem ist es gar nicht so schlimm, mit Kinderwagen aufzulaufen – im Gegenteil: Du kannst so unter Umständen sogar bei deiner neuen Zielgruppe punkten. Es gibt nämlich nicht wenige → Sexy Mamas, die auf Wagen schiebende Männer stehen. Vorausgesetzt, du siehst cool hinterm Steuer aus. Also: Griff so tief einstellen, dass die Arme zum Schieben nur leicht angewinkelt sind. Firlefanz wie Sonnenschirm, klimpernde Holzpüppchen oder das obligatorische, aber niemals gelesene Buggybuch vor Antritt der Fahrt entfernen.

Am wichtigsten ist, dass du den Kinderwagen souverän bedienst. Wenn ihr das Teil angeschafft habt, solltest du dessen Auf- und Abbau an einem unbeobachteten Ort üben: Gestell ausladen, aufklappen, einrasten, Babyschale draufsetzen, sichern – und alles wieder zurück. Diese Handgriffe sollten dir so locker

Die richtige Schiebung: Wer seine Lady liebt, der schiebt – aber bitte nur so: Kinderwagen von Nippes befreien, Griff schön niedrig einstellen, Klamotten wie für den Kneipenbesuch aussuchen. So signalisierst du den Sexy Mamas, dass dein Horizont nicht hinter der nächsten Hüpfburg aufhört.

Papa, Modell Packesel: Er hat für jeden nur erdenklichen Babynotfall das passende Zubehör dabei. Beladen wie ein Sherpa auf dem Weg zum Achttausender, schleppt er sich Richtung Spielplatz. Mit seinem praktischen Luschendress hat er bei den Sexy Mamas praktisch schon verloren.

von der Hand gehen wie Arnold Schwarzenegger das Durchladen seiner Schrotpumpe. Nichts ist peinlicher, als wenn du im strömenden Regen vor einem Café rumhampelst und dir coram publico im Kinderwagengestell die Finger einklemmst.

AUSRÜSTUNG

Für Mütter ist jeder Spielplatz ein Abenteuerspielplatz. Darauf weist zumindest ihre Ausrüstung hin, denn die sieht meistens so aus, als wollten sie den Nanga Parbat besteigen: Zum Pflichtarsenal gehören Tupperdose mit Apfelscheiben, Tupperdose mit Karottensticks, Trinkflasche mit natriumarmem Mineralwasser, Dinkelstangen, Matschhose und Klamotten zum Wechseln. Wenn du sie das erste Mal siehst, wie sie mit ihren prallvollen Fahrradtaschen angekrochen kommen, wirst du zunächst das Gefühl haben, dein eigenes Kind sei dem Tod geweiht, weil dein Equipment wesentlich spärlicher ausfällt.

Doch weit gefehlt. Es gibt nämlich nur zwei Sachen, die du wirklich von zu Hause zum Spielplatz mitnehmen musst: eine Windel und eine kleine Packung Feuchttücher. Das passt locker in die Innentasche deines Jacketts und trägt nicht mal auf. Alles andere kannst du getrost auf dem Weg an der Tankstelle oder beim

Kiosk beschaffen. Dann ist im Mineralwasser womöglich Natrium drin – aber, hey, was wäre das Leben ohne Risiko?

AUTO

Stell dich darauf ein, dass sich nach der Geburt alles nur noch um dein Schätzchen dreht – dein Auto. Korrekt: Die Karre entwickelt sich ab sofort zum Mittelpunkt deiner Existenz. Das ist schon seit Erfindung des Automobils so. Väter leben traditionell in ihrem Auto, ganz einfach deshalb, weil da, wo sie vorher gelebt haben – also in ihrer Wohnung –, kein Platz mehr für sie ist. In den eigenen vier Wänden sind Väter nur noch Gäste, und obendrein ungeliebte. Die eigenen vier Räder dagegen kann ihnen keiner nehmen.

Aufs Auto besonders achtzugeben ist aber auch deshalb angebracht, weil es von nun an drei wichtige Zusatzfunktionen erfüllt: Es hilft dir, das Kind ruhigzustellen (→ Safety Car) und ins Land der Träume zu befördern (→ Ein-Schlafwagen). Außerdem ist es ein unentbehrliches Mittel, um nicht durchzudrehen (→ Fluchtfahrzeug).

Eben weil du von jetzt an in deinem Auto lebst, sollte die Kiste auch was hermachen. Das erste Gesetz lautet: Je weniger man dem Wagen ansieht, dass du dich fortgepflanzt hast, desto besser. Ein Kombi geht gerade noch so. Kindersitze sollten grau oder schwarz sein, damit man sie nicht von außen erkennt. Und über einen Sonnenschutz mit Tigerentenaufdruck brauchst du gar nicht erst nachzudenken.

Das zweite Gesetz lautet: Du bist kein Schwertransporter. Generationen von Eltern haben es geschafft, mit einer normalen Steilhecklimousine in den Urlaub zu fahren – und du kannst das auch. Da müssen sich die Damen und Herren eben mal beschränken. Eine Dachgepäckbox – auch als Schwiegermuttersarg bekannt – ist tabu, genauso wie Anhänger oder ähnlicher Unfug.

Noch was: Mach nicht mehr als zwei Kinder, sonst musst du einen von diesen peinlichen Minivans kaufen. Und damit kannst du dich auf den urbanen Flaniermeilen dieser Republik definitiv nicht mehr blicken lassen. Oder wie cool siehst du wohl aus in deinem Großraumtransporter – etwa auf der Ehrenstraße in Köln, dem Hamburger Jungfernstieg oder der Leopoldstraße in München?

AUTOTURNEN

Die Geheimwaffe fauler Väter. Autoturnen besteht darin, das Kind nach Lust und Laune im Wagen rumflippen zu lassen. Pkw sind nämlich die perfekte Babyumgebung, weil es im Innenraum keine scharfen Kanten gibt. Warnblinkanlage an/aus, CD raus/rein, Scheibenwischer schnell/langsam – ein Pkw bietet Kleinkindern schier endlosen Spielspaß. Plus: *Du* kannst beim Autoturnen sitzen.

BabyBjörn

Ein Tragebeutel für Babys, unverzichtbares Accessoire aller Weichflöten dieser Welt; wird lediglich von Indien-Tragetüchern getoppt. Die allerdings binden sich nur Super-Susis um, die sich am liebsten gleich eine Gebärmutter einpflanzen lassen würden. Im Grunde genommen geht BabyBjörn also gar nicht. Oder würde sich James Bond (→ WWBT?) damit auf die Straße wagen?

Jetzt kommt das Aber: Die Dinger sind verdammt praktisch. Das Kind ist ruhig, und man hat beide Hände frei, zum Beispiel, um sich am Kühlschrank ein Bierchen zu holen oder um ungehindert »Counter Strike« zu spielen.

Der Kompromiss: BabyBjörn, wenn's geht, nur im Haus verwenden. Beim Außeneinsatz einen stylemäßigen Kontrapunkt setzen, etwa mit Lederschuhen oder – sehr cool – Anzug. In diesem Fall sollte der Zwirn aber unbedingt im Farbton *halbverdaute Folgemilch* gehalten sein (→ Kleidung); so fallen die Flecken weniger auf, mit denen du nach spätestens fünf Minuten übersät bist.

BABYBUTLER

Eine Rolle, in die vor allem Mütter gerne hineinrutschen. Sie fangen an, ihren kleinen Schneeflocken jeden noch so abstrusen Wunsch zu erfüllen. Selbst eine Anweisung wie »Ich will eine Apfelschorle *ohne* Eiswürfel und mit *zwei* rosa Strohhalmen« führen sie servil und unhinterfragt aus – einfach weil sie zu weich sind, nein zu sagen.

Auf diesen Servicewahnsinn lässt du dich gar nicht erst ein. Denn du verfügst noch über einen intakten Filter, der schwachsinnige Befehle automatisch aussortiert: den sogenannten gesunden Menschenverstand. Nur Anfragen, die da durchkommen, werden bearbeitet.

Die Kernaufgabe jedes Vaters besteht schließlich darin, für ein gesundes Maß an Vernachlässigung zu sorgen. Deshalb gilt bei dir: Bitte bedienen Sie sich selbst! Alles, was das Kind alleine kann, macht das Kind alleine, egal, wie lange es dauert und wie das Ergebnis aussieht.

Mütter haben mit diesem Prinzip oft ihre Probleme und fahren das Gegenargument »Da mache ich es lie-

Babybutler: Mütter sind gerne Allround-Dienstleister. Sie erfüllen den kleinen Herrschaften jeden noch so abstrusen Wunsch. Du nicht. Dein Job als Vater besteht darin, für ein gesundes Maß an Vernachlässigung zu sorgen.

ber schnell selbst« auf. Das klingt in der Tat erst mal nach weniger Arbeit, produziert schlussendlich aber viel mehr Aufwand, weil man dann Sklavendienste wie Socken anziehen oder Reißverschluss zumachen bis in alle Ewigkeit erbringen muss. In diesem Punkt kannst du den Vorteil deines Geschlechts ausspielen: Männern fällt es leicht, die Dinge laufenzulassen, weil es ihnen nichts ausmacht, wenn das Kind sein T-Shirt ein halbes Jahr lang falsch herum anhat.

BABYPHON

Hurra, endlich mal Kleinkindzubehör, das mit Strom betrieben wird! So wirst du frohlocken, sobald deine Lady etwas vom Babyphon faselt. Im Elektronikmarkt angekommen, langst du richtig zu – immer geleitet vom Gedanken »Was würde Bond tun?« (→ WWBT?). Das erste Handy deines Kindes soll schließlich etwas hermachen.

Also kaufst du ein Gerät, das aus dem Arsenal der CIA stammt – oder zumindest stammen könnte. Nämlich ein Video-Babyphon, das nicht nur Gequäke, sondern dazu auch Livebilder vom hochroten Kinderkopf einfängt und auf einen Minibildschirm beamt.

Voller Erregung gehst du ans Werk: An der Wiege wird die Minikamera angeschraubt, die dank ausgefeilter Infrarottechnik selbst bei kompletter Dunkelheit Bilder sendet – wie die Nachtsichtgeräte von Spezialeinheiten! Den Empfänger stellst du direkt neben deinen Plasmafernseher im Wohnzimmer. Freude! Ein weiterer Bildschirm – und deine Lady kann nichts dagegen tun.

Doch dann kommt die Ernüchterung: Du hast die falsche Wahl getroffen. Richtig, normalerweise gilt: Je komplizierter das Gadget, desto besser. Nur nicht in diesem Fall. Denn vom Sofa aus kannst du den Bildschirm im Briefmarkenformat nicht erkennen. Außerdem haben die Babyphonmodelle mit Video oft eine miserable Reichweite und machen im Batteriebetrieb schon nach einer Stunde schlapp – eben weil die TV-Liveübertragung so viel Strom schluckt. Die meisten Geräte haben nicht mal genug Power, um das Videobild bis in den Garten eurer Nachbarn zu funken. Ein echter Killer in lauen Sommernächten.

Also gilt ausnahmsweise einmal: Weniger ist mehr. Kauf das billigste Babyphon, das du finden kannst. Achte bei der Auswahl nur auf die Reichweite, alles andere ist egal.

BABYSCHWIMMEN

Neugeborene stehen heute unter immensem Zeitdruck. Sie können nicht einfach in der Wiege chillen und die neue Umgebung in Ruhe auf sich wirken lassen. Nein, das moderne Baby muss von Sekunde Null an Erfahrungen sammeln. Das jedenfalls behaupten jene Menschen, die diese Erfahrungen vermitteln – natürlich gegen Bezahlung.

Zu den ersten kostenpflichtigen Erfahrungen gehört das Babyschwimmen. Wobei der Begriff täuscht, denn Babys können gar nicht schwimmen (außer auf Covern von Nirvana-Alben). Nicht wenige haben sogar panische Angst vor Wasser.

Deshalb läuft das Babyschwimmen eher spaßgebremst ab: Ein Dutzend Mütter (und wenige Väter) stehen im Babybecken eines öffentlichen Schwimmbades und fühlen sich wegen ihrer Schwangerschaftsrollen unwohl. Die Kleinen sprühen auch nicht gerade vor Freude, schließlich werden sie in regelmäßigen Abständen mit den Füßen in eine lauwarme Flüssigkeit getaucht, die ihnen nicht geheuer ist. Wer die kleinen Würmer sieht, wie sie sich verzweifelt am Oberkörper ihrer Betreuungsperson festkrallen, spürt förmlich, was für eine intensive Erfahrung hier gemacht wird. Wir nennen sie gemeinhin »Angst«.

Ausgerichtet wird diese Gruppen-Traumatisierung von einer Doppelnamenfrau, die sich nebenher als Feng-Shui-Beraterin verdingt. Um den stolzen Preis von 15 Euro für eine Dreiviertelstunde zu rechtfertigen, hat sie bunte Plastikbälle (Stückpreis: 1 Euro) im Becken verteilt. In dieser Kunststoffsuppe werden die Kinder in verschiedenen Stellungen gewässert, bis die Session vorbei ist und alle erleichtert in die Umkleiden rennen.

Irgendwann, etwa nach der zweiten Stunde, lasst ihr den Quatsch sein. Die Logistik nervt einfach zu sehr: Baby einpacken, hinfahren, Baby auspacken, Schwimmwindel anziehen, duschen, ins Schwimmbecken, Baby abtrocknen und so weiter. Und seit du klatschnass im Chlormief gestanden hast, weißt du wieder, warum du zuletzt beim Schulschwimmen in einem Hallenbad warst.

BABYVERSAND

Zu früh gefreut. Nein, du kannst dir nicht einfach ein neues Baby bestellen. Dafür aber liefert dir der Versandhandel all jene wunderbaren Kinderprodukte nach Hause, die du ab jetzt brauchst. Und du wirst kaum glauben, wie viele das sind. Von jener Sekunde an, in der du dem Arzt sagst, dass er die Nabelschnur gefälligst selbst durchschneiden soll, explodiert förmlich die Zahl der Erzeugnisse, die du nicht brauchst, aber angeblich dein Kind.

Da wäre zum Beispiel der zusätzliche Autospiegel für die Babyschale – Werbeslogan: »Ohne Verrenkung das Baby im Blick.« Das Teil wird an einer Kopfstütze der Rückbank befestigt und so justiert, dass man den Maxi-Cosi im Blick hat, wenn man in den Rückspiegel schaut – das Kind sitzt ja gegen die Fahrtrichtung. Macht 13 Euro für ein total überflüssiges Gadget, weil das Baby während der Fahrt entweder schreit oder schläft und du in beiden Fällen sowieso nichts daran ändern kannst.

Sobald die Kleinen am Start sind, muss eben alles perfekt sein, so will es die Werbung – bis hin zur Butterbrotdose für den Kindergarten. An der hat sich seit deiner Kindheit nichts geändert, allerdings tut eine ordentliche Mutter da heute keine Bananen mehr rein. Nicht weil die Frucht zu viel Nitrit enthält (→ Essen), sondern weil sie in dem viereckigen Container Druckstellen kriegen könnte, um die ihre Schneeflocke dann mühevoll drum herumessen müsste.

Solche Katastrophen kann die Bananenbox verhüten: Diese Plastikdose ist genauso krumm wie die Frucht selbst, kostet nur schlappe fünf Euro und bringt jede Banane, die der EU-Norm entspricht, wohlbehalten in die Spielgruppe.

Der alte Trick *Schreib Baby davor und verdopple den Preis* funktioniert natürlich immer noch. Ihr wollt Sackhüpfen auf dem Kindergeburtstag spielen? Dann aber bitte schön nur mit den Original Kindergeburtstag-Kartoffelsäcken »wie in der guten alten Zeit«. Macht 3,50 Euro pro Stück – ein echtes Schnäppchen, das nur 400 Prozent teurer ist als ein Jutesack aus dem Großhandel. Wucher wie zu Großvaters Zeiten, herrlich!

Das Einzige, was es beim Babyversand nicht gibt, sind die Produkte, die du wirklich brauchst. Zum Beispiel eine selbstklebende Salami, die sich nicht mehr vom Brot pulen lässt. Für die existiert garantiert ein Milliardenmarkt, ebenso wie für den Wasserhahn mit Fingerabdruckscanner, der das kostbare Nass nur für erwachsene Mitglieder des Hauses freigibt. Solche Knüller sucht man in allen Katalogen leider vergebens.

BAHLSEN SILENZIO

Dieses Beruhigungsmittel solltest du im Auto immer dabeihaben. Kekse, und zwar solche aus viel Weißmehl und Zucker, bringen Kinder schnell und dauerhaft zum Schweigen. Du wirst rasch feststellen, dass Reiswaffeln in Sachen Schalldämpfung dem gegenüber klar unterlegen sind.

Alles andere mit Zucker geht natürlich auch – Gummibärchen, Bonbons und für kleine Puristen Zuckerwatte.

BASTELN

Als das letzte Mal in deinem Leben von Basteln die Rede war, ging es darum, drei Zigarettenblättchen zusammenzukleben. Das war auf der Erstsemesterparty vor gefühlten hundert Jahren. Seitdem herrscht bei dir Bastelpause.

Bis jetzt. Denn ab sofort ist jeder Tag Basteltag – weil Kinder ab ungefähr anderthalb Jahren total aufs Werkeln abfahren. Die Kleinen lieben es einfach, mit ihren Händen zu arbeiten, sie aufzuschneiden, mit Uhu zu versiegeln und mit Edding anzumalen. Das können Kinder stundenlang – und genau an dieser Stelle solltest du hellhörig werden: Mit nichts bringst du den Babydienst an einem verregneten Nachmittag schneller rum als mit Basteln. Also die Alleskleber-Allergie überwinden und ran an die Tuben.

Praktischerweise kannst du alles, was ihr für einen Bastelnachmittag braucht, bequem aus dem Büro, äh, entleihen: Textmarker, Büroklammern, bunte Prospekthüllen, Klebeetiketten, Tipp-Ex. Verschwende bloß nicht deine Zeit damit, kindgerechte Bastelutensilien zu beschaffen; der Nachwuchs wird sie mit Nichtbeachtung strafen.

Besonders groß solltest du den Vorrat an Tesafilm und Uhu dimensionieren. Schließlich besteht alles, was Kinder beim Basteln produzieren, zu 90 Prozent aus Klebstoff.

Außerdem wichtig: Du solltest nur ein Bastelprojekt starten, das der kleine Frickler auch selbst hinkriegt, sonst bleibt die ganze Arbeit an dir hängen. Daher Hände weg von einem feinmotorischen Marathon wie dem Halsband-Bausatz für kleine Prinzessinnen: Es kann Tage dauern, bis du 137 Perlen mit 0,01-Millimeter-Loch auf eine Nylonschnur mit 0,01 Millimeter Durchmesser gezogen hast.

Also: An den Kleber, fertig, los! Nach ungefähr einer Stunde ist der kleine Ingenieur fertig und präsentiert dir das Ergebnis seiner Bastelei – einen stinkenden Klotz aus Tesafilm, Uhu und Büroklammern. Das sei ein Aquarium mit Fischen, schiebt der Klebemann als Erklärung hinterher. Und weil du so lange in den Uhu-

Dämpfen gesessen hast, erkennst auch du das Aquarium mit all den Fischen jetzt ganz deutlich. Da, genau, die Guppys, und alles so schön bunt! Und schon fühlst du dich wieder ein bisschen wie damals auf der Ersti-Fete.

BERATUNGSTERROR

Ab dem 18. Lebensjahr gilt ein Mensch in Deutschland als volljährig. Man traut ihm zu, dass er eigenverantwortlich die Steuererklärung ausfüllt, sein Auto anmeldet und sogar seinen Computer über diverse Kästchen mit der Telefondose verbindet. Doch sobald er sich fortpflanzt, verwandelt sich dieser mündige Mensch in ein hilfloses, ja lebensunfähiges Wesen, das unter der Last des neuen Alltags zusammenzubrechen droht.

Diesen Eindruck bekommt man jedenfalls, wenn man sich das Schwarze Brett vor der Kinderturnhalle anschaut. Zu allem und jedem noch so unbedeutenden Detail des Elterndaseins werden hier Beratungsangebote beworben. Du dachtest zum Beispiel, jede Frau kann einfach so stillen? Weit gefehlt! Die Tanke auszupacken, ohne vorher einen persönlichen Laktationscoach zu konsultieren, gilt unter modernen Müttern als grob fahrlässig. Noch kritischer wird die Sache, wenn ihr tatsächlich plant, euren Nachwuchs mit dem Fläschchen zu füttern: Das grenzt nämlich schon an Kindesmisshandlung und bringt dir reichlich böse Blicke von den Mitgliedern der *La Leche Liga* ein – einer Art Still-Sekte.

Maximaler Beratungsbedarf besteht rund um die Todesfalle, die du bisher unter dem Begriff »Wohnung« kanntest: Kein modernes Elternpaar, das etwas auf sich hält, betritt mit Baby ein Haus, das nicht nach den Standards der DSH *Aktion sicheres Haus* gegen Unfälle gesichert wurde.

All diese gutgemeinten Tipps und Checklisten kannst du getrost ignorieren. Nur Schlaffis, die auf der Straße nach dem Weg fragen, lassen sich von den Beratungsterroristen einkassieren – zumal die meisten Ratschläge völlig überflüssig sind. Wie man stillt, erklärt zum Beispiel die Hebamme deiner Lady direkt nach der Entbindung in drei knappen Sätzen. Das reicht völlig aus.

Denk dran: Schon der Steinzeitmensch hat seine Brut irgendwie durchgekriegt – mit mittelprächtigem IQ und ohne Laktationscoach.

BESORGNISINDUSTRIE

Dein Kind ist krank! Das zumindest redet dir ab sofort ein Kartell aus Ärzten, Therapeuten und Osteopathen ein, und zwar tagtäglich. Diese Mafia fällt gleich nach der Geburt über dich her und verfolgt nur ein Ziel: dir Angst zu machen. Dabei nutzen die Besorgnisprofis schamlos aus, dass a) Eltern beim ersten Kind keinerlei Erfahrung haben und b) Babys nicht sagen können, was ihnen fehlt.

Klar kann es sein, dass die Armee der Bedenkenträger richtigliegt und deinem Kind wirklich was fehlt. Aber das ist ziemlich unwahrscheinlich. Viel besser stehen die Chancen, dass das vermeintliche Leiden totaler Mumpitz ist.

Zu den Klassikern der eingebildeten Krankheiten gehört zum Beispiel das sogenannte K*i*SS-*Syndrom*, das höchstwahrscheinlich auch bei deinem Kind diagnostiziert wird. Bei diesem Leiden färbt sich das Gesicht des Babys schwarzweiß und es streckt ständig die Zunge raus. Spaß beiseite. Angeblich leiden KiSS-Kinder unter irgendeinem Haltungsschaden, der schnellstens mit Dehnungsübungen therapiert werden muss, ansonsten droht ein noch viel gefährlicheres Syndrom mit vier Großbuchstaben, warnt die Besorgnisindustrie.

Das Problem ist: Nicht wenige Mediziner halten das K*i*SS-*Syndrom* für frei erfunden. Es ist so eine Art Yeti: Niemand weiß genau, ob es ihn überhaupt gibt. Kein Grund zur Panik also.

Gegenmaßnahme bei allen fragwürdigen Diagnosen: Immer einen Arzt fragen, der a) männlich und b) über 50 Jahre alt ist und damit nicht der Besorgnisindustrie angehört.

Panikmediziner erkennst du daran, dass sie homöopathische Medikamente verschreiben – zum Beispiel kleine Zuckerkügelchen namens Arnica, die gegen Beulen helfen sollen, wenn der kleine Hampelmann sich wo gestoßen hat und wie am Spieß schreit. Vollkommen überflüssig. Omas haben für solche Fälle ein viel wirksameres Medikament in ihrer Handtasche: Gummibärchen.

Beim zweiten Kind lässt die Attacke der Besorgnisindustrie übrigens nach, weil dann alle wissen, dass du inzwischen bedenken-träger geworden bist.

BEZUGSPERSON

Kleiner Tipp: Du bist es nicht. Egal, wie viele Hechelkurse du mitmachst oder wie supi du die Fläschchen spülst: Du hast keine Brüste – du bist nicht die Bezugsperson. Ganz einfach. Bis zum zweiten Lebensjahr findet Papa so gut wie nicht statt, das ist biologisches Programm. Erwarte also erst mal keine Begeisterungsstürme, wenn du nach Hause kommst.

Überhaupt: Dass das Kind schon im Hausflur auf den Vater zustürmt und ihm in die Arme fällt, gibt es nur in amerikanischen Filmen. In der Realität sieht es anders aus: Zum einen rennt das Kind nicht zu dir, sondern du musst es in der Bude erst mal suchen. Und dann wird es dich höchstwahrscheinlich ignorieren – oder dich ohne Begrüßung mit irgendwelchen Nichtigkeiten aus dem Kindergarten beglücken wie: »Heute hat der Mattes in der Puppenecke das *ganze* Geschirr runtergeworfen.« Das ist dann wieder einer der surrealen Momente im Leben eines Vaters, in denen man das Gefühl hat, in einem Buñuel-Film festzustecken.

Noch eine Warnung: Du kannst niemals eine Mutter sein. Alles, was du tust – vom Wickeln bis zum Bepusten von Schürfwunden –, wird dir erst mal komisch vorkommen. Frauen können das alles aus dem Rückenmark. Du hingegen wirst dich lange Zeit verstellen müssen, bis dir diese Dinge natürlich von der Hand gehen (→ 2:1-Regel).

BILDERBUCHMÜTTER

Fest steht: Du willst nicht, dass deine Lady eine wird. Denn die Mütter in Bilderbüchern sind der totale Horror. Dort wimmelt es nur so vor abgerissenen Wracks in Jogginghosen und Socken, die ihre Haare so kurz und asymmetrisch tragen wie deine Schulsekretärin anno 1984.

Wirklich schlimm daran ist, dass dieses Bild aus dem Bilderbuch allzu häufig der Realität entspricht. Viele Frauen *muttieren* nach der Geburt: Erst wird die wilde Mähne abgesäbelt und durch den gefürchteten Kurzhaarschnitt (Postnatal-Pony) ersetzt. Dann fliegt sämtliches Schuhwerk mit Absatz aus dem Schrank, und schließlich entfällt auch das Schminken. Manche

Schlimme Muttierung: Nach der Geburt verwandelt sich so mancher schillernde Schmetterling in eine fette Raupe. Tritt bei Männern als sogenanntes Sportschau-Syndrom auf: Der junge Vater schaut nur noch Sport, anstatt welchen zu treiben, und sieht auch bald so aus.

Frauen denken, mit der Entbindung seien sie auch von der Pflicht entbunden, auf ihr Äußeres zu achten.

Zusätzlich läuft bei vielen Müttern eine radikale körperliche Transformation ab, ähnlich wie bei der Raupe Nimmersatt, nur umgekehrt: Durch eine stete Diät, die sich aus Eis, Fritten und Kuchen zusammensetzt, verwandelt sich der schöne Schmetterling in eine fette Raupe, die aus allen Nähten platzt. Von der geistig-kulturellen Rückbildung mal ganz abgesehen.

Der Punkt ist: Falls du regelmäßig Babydienst schiebst, merkst du schnell, warum das passiert. Spätestens nach dem zweiten Kind schrumpft die Zeit für Körperpflege und Zeitunglesen am Morgen nämlich bedrohlich zusammen, ebenso wie für eine vernünftige Verpflegung (→ Nahrungskette).

Wenn du also nicht willst, dass deine Lady zur Bilderbuchmutter verkommt, musst du was dafür tun: Nimm ihr Arbeit ab, pass zumindest am Wochenende auf das Baby auf. Nur so gewinnt sie Zeit, sich auch mal um Sport, Friseur und das *Süddeutsche Magazin* zu kümmern.

BLUE MONDAY

Kinder sind montags so gerädert wie Technojünger nach zwei Tagen Mayday-Party: Ihre Augen liegen tief in den Höhlen, sie vegetieren nur noch vor sich hin und zicken unausstehlich rum. Schuld an der Katerstimmung ist das Programm vom Wochenende: Zwei Tage andauernder Zuckerschock durch Schoko-Eis und Alarmbesuche durch Tanten haben die kleinen Raver völlig ausgepumpt. Am Montagmorgen ist die Batterie dann leer und die Aussicht auf einen Tag mit dir für die Kinder natürlich trostlos.

Erspar ihnen und dir diese Enttäuschung, indem du den Start in die Betreuungswoche anderen überlässt. Wenn du eine → Viertagewoche fährst, leistest du am besten freitags deinen Babydienst ab: So umgehst du den Blue Monday und kannst am Montag im Büro mitmischen – das ist ohnehin der einzige Tag, an dem da wirklich was passiert.

BODY-NASS-INDEX (BNI)

Diese Messgröße zeigt dir an, ob du die Windeln wechseln musst. Grundsätzlich sollte dein Ziel sein, so selten wie möglich zum Pampers-Karton zu greifen. Schließlich ist das Wechseln der Papierlappen – denk nicht mal über Stoff nach! – ein zutiefst unästhetischer Vorgang.

Bei der maximalen Verzögerungstaktik hilft dir der Body-nass-Index (BNI):

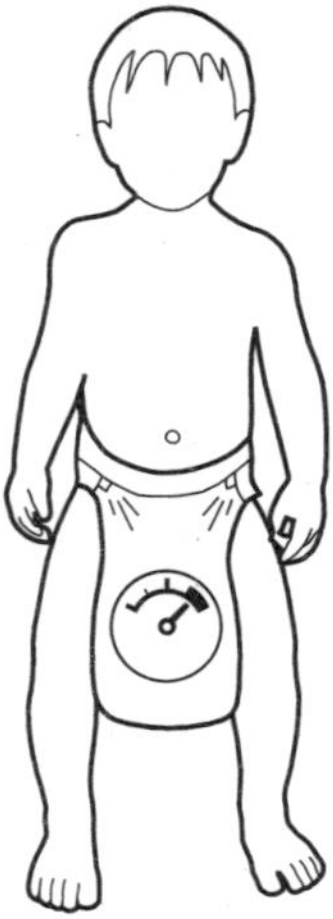

Volle Ladung: Wer länger wartet, braucht seltener zu wechseln. Auch du solltest das strategische Herauszögern üben. Erst wenn das Baby wegen des zusätzlichen Gewichts nicht mehr aufstehen kann, ist es wirklich Zeit, eine neue Windel anzulegen.

- Wert 0: Windel frisch angelegt, du hast drei bis vier Stunden Ruhe.
- Wert 50: Die Windel hat die vom Hersteller empfohlene maximale Zuladung erreicht. Der Status lässt sich daran erkennen, dass das Kind beim Laufen ein bisschen in die Knie geht, weil es das Anderthalbfache des eigenen Körpergewichts mit sich herumschleppt. Jede Oma würde jetzt wechseln. Du wartest ab, aber höchstens bis zu einem BNI von 99.

- Wert 100: Du hast den Bogen überspannt. Die Windel läuft über, der Body ist nass, du musst das Kind komplett ausziehen, waschen und so weiter.

Wie gesagt: Dein Ziel lautet, die Windel so spät zu wechseln wie möglich, frühestens bei einem BNI von 99, niemals vorher. Wer länger wartet, muss seltener wickeln. (Achtung: Regel nur anwenden, wenn der Hintern nicht rot ist!)

Du brauchst deshalb kein schlechtes Gewissen zu haben. Diese Verzögerungstaktik ist nicht verantwortungslos, sondern völlig legitim. Wenn du genauer darauf achtest, wirst du merken, dass alle das so machen: Mutter, Kinderfrauen, Omas, Opas. Sämtliche Betreuungspersonen übergeben dir dein Kind immer mit prallvoller Windel und der scheinheiligen Ausrede »Ach, habe ich gar nicht gemerkt« – selbst wenn der Klotz schon auf zwei Meter wie die Bundeswehrlatrine in Dschibuti riecht.

BONDING

Wenn du das Glück hast, den Kreißsaal mal kurz verlassen zu dürfen, und gleichzeitig das Pech, dabei zufällig in einen anderen Kreißsaal zu gucken, wird dir etwas auffallen: In den Betten liegen überall nackte Typen!

Und das sind keineswegs ganz Ungeduldige, die auf ihre Lady und die nächsten 150 Euro Kindergeld scharf sind. Nein, die Herren kuscheln sich im Bett mit ihrem Nachwuchs ein. Ganz gemütlich liegen sie da, mit nackter Brust, und schauen zu, wie ihre Brut verwirrt am väterlichen Nippel zuzelt. In diesem Moment wird es dich wie ein Stromschlag durchzucken: Was – muss ich als neuer Vater etwa auch stillen?

Nein, Entwarnung, es gibt eine Erklärung für dieses verstörende Ritual. Es nennt sich Bonding.

Hinter dem Wort, das erst mal ganz harmlos nach Ikea-Regal klingt, verbirgt sich das größte Weichgeeiere seit Menschengedenken. Wie nicht anders zu erwarten, haben es sich Hebammen ausgedacht. Die Idee: Babys brauchen nach der Geburt »vieeel« Hautkontakt, damit das Neugeborene eine Bindung (Bonding) zu seinen Eltern aufbauen kann. Und da der Arzt nach der Geburt noch einige Wartungsarbeiten an der Frau durchführt, von denen du nichts wissen willst, muss der Mann in der Zwischenzeit für »vieeel« Hautkontakt sorgen. Also Hemd runter, Kind drauf – und durch.

Nun ist es so, dass die meisten Kollegen, die sich da vor 15 Krankenhausangestellten und drei bis vier zufälligen Zeugen entblättern, nicht gerade bei den Chippendales mitmachen könnten. Und hier fängt das ganze Gebonde an, wortwörtlich haarig zu werden. Denk mal über Folgen nach: Was für Menschen ziehen wir auf diese Weise heran? In was für einer Gesellschaft werden wir in 20 Jahren leben, wenn das Erste, was ihre Mitglieder von der Welt wahrgenommen haben, eine haarige, käsige, schwabbelige Männertitte war?

BÜRO

Ab sofort deine Wellnessoase. Überhaupt: Arbeit wird dir als Vater ruck, zuck wie bezahlter Urlaub vorkommen, und das ist nicht übertrieben.

Schon nach einem vollen Tag Babydienst realisierst du nämlich, was die Arbeitswelt im Inneren zusammenhält – der Fluchtinstinkt. Ein Büro ist nichts anderes als ein Flüchtlingscamp voller Mütter und Väter, die es zu Hause einfach nicht mehr aushalten. Die keinen Bock mehr haben auf Nölkrisen und nasse Windeln. Denen der Kopf platzen würde, wenn sie eine weitere Zeile »Bobo Siebenschläfer« lesen müssten.

Schau dir die Überstunden-Junkies doch mal genau an: Ulli aus dem Controlling zum Beispiel, der seine Mails immer um 23.47 Uhr abschickt. Auf ihn warten am Schreierabend daheim zwei Söhne, drei und vier Jahre alt. Oder Sandra aus dem Marketing, die um ihr Reisekostenbudget kämpft wie eine Ertrinkende um den Rettungsring. Nur zwei Worte: Zwillinge, anderthalb. Und Enno, der im Außendienst mehr Kilometer runterreißt als Manfred Krug seinerzeit in »Auf Achse«. Auch dieser Herr befindet sich aus gutem Grund auf der Flucht: Seine Frau ist im sechsten Monat schwanger – und trägt obendrein noch ihren Mädchennamen.

Sie alle sind keine Workaholics, sondern Soloholics, die auch mal allein sein und einen klaren Gedanken fassen wollen. Und das geht eben nur noch bei der Arbeit.

»Kann gar nicht sein«, sagst du, »wir reden hier doch nur von einem Kind.« Im Prinzip richtig. Hier nun der Grund dafür, dass ein Tag zu Hause so viel anstrengender ist als einer im Büro: Mal angenommen, du bist nicht gerade Pilot oder Herzchirurg – was ist das Schlimmste, was in deinem Job passieren kann? Eine Kampagne floppt? Eine Präsentation wird nicht rechtzeitig fertig? Irgendjemand hat irgendwelche Zahlen nicht rechtzeitig auf dem Tisch? Na und! Wenn du zu Hause eine Sekunde nicht wie ein Schießhund aufpasst, haut sich dein Kind den Kopf auf, pinkelt in die Steckdose oder nippt am Rohrreiniger. Das ist echte Verantwortung. Und die ist Lichtjahre anstrengender als der anstrengendste Tag in deiner lächerlichen Agentur oder wo auch immer. Denk dran, wenn du abends nach Hause kommst.

Wenn. Denn es gibt noch einen weiteren Fluchtweg: die Geschäftsreise. Jawohl, das verhasste Abendessen beim Kunden, die drei Tage im Seminarhotel oder gar der Wochentrip zur Auslandsniederlassung sind ab sofort willkommene Auszeiten. Wahre Freizeit steigerst du in Zukunft so: Büro – Überstunden – Geschäftsreise.

In den seelenlosen Kongressbunkern dieser Republik findet ein Vater jene Ruhe, die ihm Kraft gibt für die nächsten Tage zu Hause. Du wirst jeden Moment voll auskosten, vor allem jene 60 Sekunden, in denen man das Hotel-Pay-TV gucken kann, ohne zu bezahlen.

Convenience-Geburt

Auch als Kaiserschnitt bekannt. Wurde früher nur in Ausnahmefällen gemacht, zum Beispiel wenn das Kind falsch herum im Bauch lag. Mittlerweile lassen viele Frauen freiwillig ihr Kind rausschneiden – verständlicherweise. Denn ein Kaiserschnitt ist einfach cool: Ihr habt freie Terminwahl, und die Operation dauert alles in allem nur wenige Minuten. Darüber hinaus spricht noch ein weiteres Argument für den schnellen Schnitt, das sich allerdings schwer geschmackvoll beschreiben lässt. Nur so viel: In den USA gibt es eine große Bewegung von Frauen, die den Kaiserschnitt aus nichtmedizinischen Gründen befürworten. Ihr Slogan lautet: »Preserve Your Love Tunnel« (»Erhalte deinen Liebestunnel«).

Ihr solltet das Ganze nicht so eng sehen. Eure Eltern

werden natürlich die typische Oldie-Meinung vertreten, dass es weh tun muss, wenn es gut sein soll. Auf der anderen Seite hat auch ein Kaiserschnitt seine Tücken: Statt auf wenige Stunden verteilt sich hier das Wunder der Geburt, also die Schmerzen, auf zwei Wochen, in denen die Mutter kaum laufen kann.

In jedem Fall wichtig: Wenn die Krankenschwester mit etwas anrückt, das nach Betäubungsmittel aussieht, sofort zugreifen. Bloß nicht in → Dosierpanik verfallen, sondern dem alten Ravermotto folgen: Werft ein!

DAS DRECKIGE DUTZEND

Auch als die ersten zwölf Lebensmonate bekannt. In dieser Zeit wird dein Nachwuchs den Sand auf sämtlichen Spielplätzen probieren, genüsslich am Rad des Kinderwagens kauen oder an der Toilettenbürste lutschen, wenn du Schuft nicht richtig aufpasst. Kein Grund, einen Schweißausbruch zu kriegen. Die meisten dieser hygienischen Grenzerfahrungen verlaufen für die kleinen Gourmets absolut folgenlos – schließlich wusste schon deine Oma, dass »Dreck den Magen putzt«. Kampfhennen, die ihre gesamte Umwelt mit sagrotangetränkten Tüchern abschmirgeln, machen nur die Bahn für Allergien frei.

DEALS

Der Gehorsam eines Kindes fliegt einem nicht zu. Nein, er muss hart erkauft werden – mit Bargeld oder einem Deal. Die Gören verstehen nämlich von klein auf, wie man ein gutes Geschäft macht. Du willst, dass das Kind zum Friseur geht, damit die verfilzten Knoten runterkommen, nachdem du zwei Monate lang das Kämmen vergessen hast? Wie wär's mit drei Kugeln Eis im Gegenzug – ohne dass Mama was davon erfährt? Deal! So läuft Erziehung.

DINKELJAHRE

Beginnen mit der Entbindung und enden spätestens mit dem zweiten Geburtstag des Kindes – oder nach der Geburt des ersten Geschwisterchens. Kennzeichen der Dinkeljahre: Weizen ist out, Dinkel ist in. Während dieser Phase kaufen die jungen Eltern nichts, was nicht fair, bio oder öko ist oder aber die Vorsilbe »Baby-« trägt. Bis hin zum Babywasser, das ein glücklicher Unternehmer irgendwo in Deutschland aus seinem Wasserhahn zapft.

Das Schlimmste daran ist: Selbst Typen lassen sich auf diesen Dinkelwahn ein. Es ist wirklich kurios mit anzusehen, wie Kumpels, die noch vor wenigen Jahren keine Probleme damit hatten, an einem Joint zu ziehen, den sie zuvor vom Boden einer Herrentoilette aufgelesen haben, plötzlich auf den Ökotrip kommen und darauf achten, dass die Sesamstangen glutenfrei sind. Sobald sie Väter sind, müssen die Hühner, die ihrem Baby das Frühstücksei liefern, gesünder und in großzügigeren Verhältnissen leben, als sie selbst zu Studienzeiten.

Kommen und Vergehen der Dinkeljahre kann man gut bei Kindergeburtstagen beobachten. Zum ersten Jahrestag reicht Mami noch Vollkornkekse, die sie in stundenlanger Arbeit nach dem Rezept aus der aktuellen Ausgabe des *Eltern*-Magazins gebacken hat. Am zweiten Geburtstag flackern die Kerzen dann bereits auf der flugs aufgetauten Erdbeerrolle von Coppenrath & Wiese.

DOSIERPANIK

Überfällt alle jungen Eltern, sobald der Nachwuchs mal krank ist. Klassisches Symptom: Statt zur bösen, bösen Pille zu greifen, schlägt man das Kind in Wadenwickel ein und sich selbst die Nacht um die Ohren, während im Kopf immer die quälende Frage kreist: Wie viele Medikamente können wir dem kleinen Organismus zumuten?

Die einfache Antwort lautet: so viele wie möglich. Babys und kleine Kinder können nämlich mehr wegstecken, als die meisten Leute denken. Mit dem bisschen Schmerzmittel kommt die kleine Leber locker klar. Deshalb solltest du beim ersten Anzeichen von hohem Fieber sofort das dicke Zäpfchen abfeuern. Warten zahlt sich nicht aus. Das Gleiche gilt bei einer Mittelohrentzündung (Anzeichen: Kind packt sich ständig ans Ohr). Wer in diesem Fall auf die von Ökos empfohlenen Ohrenwickel mit gehackten Zwiebeln setzt, tut sich und dem Kind keinen Gefallen.

Die Steigerung von Dosierpanik heißt Impfpanik und ist genauso unbegründet. Im Zweifel fragen Sie Ihren Arzt oder Apotheker (über 50!).

Eigenheim

Früher oder später wird die Umwelt dir weismachen wollen, dass dein Kind einen Garten und keine vierspurige Straße vor der Tür braucht, um Radfahren zu lernen. Bloß nicht bangemachen lassen! Wer wirklich will, kann auch in der Stadt mit Kind wohnen.

Wichtig ist, dass die Immobilie, ganz gleich, wo sie liegt, mit einem Panikraum ausgestattet ist, also einem Raum, der vom Kinderzimmer mindestens durch zwei abschließbare Türen getrennt ist und optimalerweise sogar in einem anderen Stockwerk liegt. Dieses Fluchtzimmer muss nur groß genug sein, dass ein Sofa hineinpasst. Da kannst du dich dann hinhauen und von den Krankheiten erholen, die jetzt im Wochentakt über euch hereinbrechen (→ Krankheits-Pingpong).

EIN-SCHLAFWAGEN

Wäre Markus, der bekannte Neue-Deutsche-Welle-Star, ein junger Vater gewesen, hätte er sicher gesungen: »Ich geb Gas, ich will Schlaf.« Denn Generationen von Eltern wissen, dass nichts Babys schneller in Morpheus' Arm befördert als das Geräusch eines Ottomotors. 2500 Umdrehungen pro Minute und ein leicht überheizter Innenraum, kombiniert mit langsamer Fahrt über Kopfsteinpflaster, wirken bei Kleinkindern wahre Wunder.

Gerade im ersten Lebensjahr solltest du den Traumturbo großzügig einsetzen. Warum das Kleine mühsam per Hand in den Schlaf schaukeln, wenn deine Vierzylinder-Schaukel den Job per Tritt aufs Gaspedal in zwei Minuten erledigt? Und nein: Dass die Kinder irgendwann nicht mehr ohne das Klappern der Ventile einschlafen können, ist völliger Stuss.

Du solltest die Zeit, in der der Ein-Schlafwagen wirkt, vor allem deshalb auskosten, weil der Benzin-Baldrian mit ungefähr einem Jahr eine üble Nebenwirkung entfaltet: Dann wird das Kind beim Umladen ins Bett nämlich wach, und die Ehrenrunde hat nichts gebracht.

Und was ist mit der Umwelt? Die wirklich unbequeme Wahrheit ist: Kinder killen deinen Idealismus. Nach drei Nächten ohne Schlaf tust du alles für ein bisschen Ruhe. Nimm's locker – ihr wärt an dem Abend sonst in die Kneipe gefahren, und die liegt sogar noch weiter weg. Außerdem: Einen Fußabdruck seines Kindes in Salzteig hat jeder – aber ein Baby mit fettem CO_2-Fußabdruck längst nicht!

EIS

Es spielt keine Rolle, wie lange dein Kind an den Weihnachtsmann glaubt. Wirklich wichtig ist, dass es möglichst lange glaubt, es gäbe nur eine Eissorte – und zwar Vanille. Dann hast du ein Problem weniger.

Eis ist nämlich ab sofort ein Grundnahrungsmittel, das du der Brut täglich in großen Mengen verabreichen wirst. Und damit du nicht ständig die Klamotten wechseln musst, solltest du die Existenz von Schoko- und Erdbeereis möglichst lange geheim halten. Diese Sorten machen nämlich Mordsflecken, während Vanille im allgemeinen Milch- und Sabbermuster untergeht.

Außerdem wichtig bei der Eisfütterung: Immer Kugeln im Becher bestellen, niemals in der Waffel, weil sonst alles an der Seite runterläuft. Außerdem solltest du ausreichend Taschentücher dabeihaben. Richtwert für Kinder unter drei: Pro Kugel muss eine Packung Tempo am Start sein.

ELTERNGELD

Eine Handvoll Staatsknete, für die du deine Karriere riskierst. Dabei ist die Idee der Elternzeit an sich nicht schlecht: Der Erzeuger setzt nach der Geburt im Job eine Zeitlang aus, um seinen Nachwuchs richtig kennenzulernen. Und damit die junge Familie währenddessen nicht verhungern muss, steckt ihr der liebe Papi Staat jeden Monat ein paar Euro zu. So weit, so gut.

Leider jedoch hat die gute Familienministerin in der Rechnung zwei Fehler gemacht: Zum einen interessiert sich der Säugling im ersten Lebensjahr nur für Personen mit Brüsten, aus denen Milch kommt (→ Bezugsperson). Du auf der anderen Seite wirst schnell feststellen, dass der Unterhaltungswert eines Babys zu wünschen übriglässt.

Doch dann ist es für dich, den tollen neuen Vater, schon zu spät. Du musst ein quälend langes Sabbatjahr – oder besser gesagt Sabberjahr – absitzen und pro Tag 56 Fläschchen spülen, während sich deine Kollegen im Büro diebisch freuen, dass du ihnen auf der Karriereleiter freiwillig Platz gemacht hast.

Fazit: Wenn du dein Kind unbedingt kennenlernen willst, solltest du die → Viertagewoche einführen, und zwar dann, wenn das Kind alt genug ist, deine Anwesenheit als Vater auch zu schätzen. Also mit ungefähr einem Jahr – oder auch nie. Je nachdem.

ELTERNMEILEN

Eine Art gedachtes Bonuskonto, auf dem ihr euch ab sofort heimlich Punkte gutschreibt. Auf das Kind aufpassen gibt 10 Punkte. Den ganzen Tag Babydienst schieben: 100 Punkte. Einen Rückstand kann der andere Elternteil nur durch andere meilenträchtige Aktivitäten ausgleichen, wie zum Beispiel Küche aufräumen (10 Punkte) oder Gartenarbeit (20 Punkte). Mit den Kumpels ein paar Tage wegzufahren bombt deinen Saldo natürlich gewaltig ins Minus. Auf einmal wirst du dich sagen hören: »Darf ich staubsaugen?« – und es auch so meinen.

Offen gesprochen wird über die Elternmeilen niemals, aber nach einiger Zeit läuft der Punktezähler in deinem Hinterkopf immer mit – selbst wenn die Lady nicht da ist. Dann fängst du an, irgendwas anzustreichen oder zu reparieren, obwohl du allein im Haus bist. Nur um nicht in Punkterückstand zu geraten.

ENTWICKLUNGSPHASEN

In den ersten drei Jahren machen Kinder mehr Arbeit als in jedem anderen Lebensabschnitt – ausgenommen die anschließenden 15 Jahre. Deshalb solltest du dich rechtzeitig auf das vorbereiten, was da kommt. Hier ein Überblick über die wichtigsten Entwicklungsphasen, wobei »Entwicklung« natürlich relativ gemeint ist:

- **0 bis 3 Monate: Die 9 ½-Wochen-Kolik**

Direkt nach der Geburt besteht das Baby nur aus Stimmbändern. Es schreit rund um die Uhr, weil ihm irgendwas im Bauch weh tut. Das Ganze wird Kolik genannt, was bedrohlicher klingt, als es ist. Denn Kolik ist laut Babylexikon nur »ein Sammelbegiff für jedes unkontrollierte Weinen eines ansonsten gesunden Babys«.

Grundsätzlich gibt es daher in diesem Alter nur drei Stimmungslagen: 1) Kind ist kurz vorm Schreien, 2) Kind schreit, 3) Kind erholt sich vom Schreien. Deine Aufgabe ist es, den Brüllaffen so lange wie möglich in Phase 1 zu halten.

Du wirst übrigens feststellen, dass die Lernkurve deines Kindes direkt nach der Geburt beeindruckend flach ist. Angeblich gibt es wissenschaftliche Untersuchungen, wonach ein Baby sich an einem heißen Milchfläschchen 1768-mal hintereinander den Mund verbrennen kann und trotzdem weiter versuchen wird, daran zu saugen. Also immer schön vorher die Trinktemperatur auf dem Handrücken testen.

Nach ein paar Wochen, wenn der erste Anflug von Vaterstolz verflogen ist, stellst du fest, dass das Kind in dem Alter schlichtweg noch zu überhaupt nichts in der Lage ist.

• 4 bis 6 Monate: Guck mal, wer da bricht!

Der Verdauungstrakt entwickelt sich. An sich ist er jedoch überflüssig, da Essen und Milch ohnehin noch nicht dorthin vordringen.

Denn wenn überhaupt, dann nehmen Babys Nahrung offensichtlich per Osmose auf, also direkt über die Haut. Erst wenn das ganze Gesicht mit dem mühsam zubereiteten Brei vollgeschmiert ist, sind sie satt. Deshalb solltest du keine wertvolle Lebenszeit darauf verwenden, irgendetwas selbst zu kochen. Milupa, Hipp & Co. kümmern sich schon um alles Nötige (→ Essen).

• 6 bis 12 Monate: Im Tempel des Todes

Das Baby beginnt zu robben und in der Wohnung aktiv nach Gefahrenherden zu suchen. Jetzt ist es Zeit, die ersten (→) Kindersicherungen an jenen Unfallquellen anzubringen, die das Kind in den kommenden Monaten und Jahren nach den Sicherungsmaßnahmen garantiert ignorieren wird – an Steckdosen, Treppenabgängen, Herdplatten und Tischkanten.

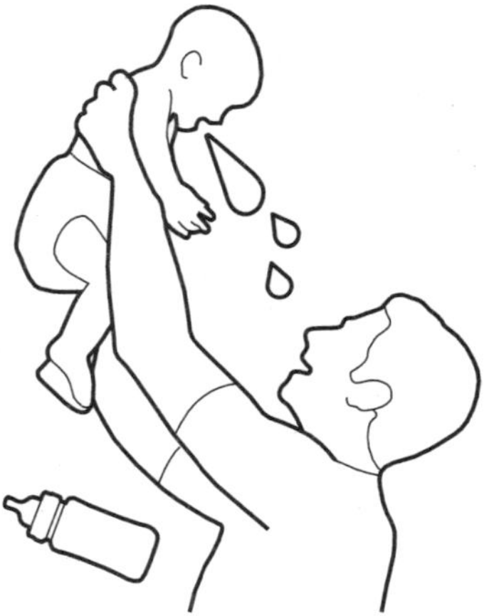

Mit sechs Monaten: Der Verdauungstrakt des Babys entwickelt sich. Zu diesem Zeitpunkt ist er allerdings noch überflüssig, da Essen und Milch ohnehin nicht dorthin vordringen.

• 12 Monate: Da geht was

Das Kind lernt laufen und stolpert über alles, was größer als ein Molekül ist. Die nächsten drei Monate verbringst du damit, gebückt wie ein Neandertaler hinterherzukriechen, um Stürze zu verhindern. Ein sinnloses Unterfangen, denn Kinder fallen mit Überschalltempo. Ohne Beulen wird diese Entwicklungsphase nicht abgehen. Dir bleibt nichts anderes übrig, als das Kleine immer möglichst schnell wieder aufzuheben. So verhinderst du zumindest, dass es sich bei der Gelegenheit gleich noch ein paar Kippenstummel in den Mund stopft.

Nach einiger Zeit gibst du die Beulenprävention auf, setzt dich in die Nähe des Kindes und hörst nur noch zu. Das genügt. Eltern lernen nämlich, allein anhand der Geräusche einzuschätzen, wie schlimm der Unfall gewesen ist. War das nur das harmlose Krachen einer Kniescheibe auf dem Dielenboden oder doch das gefährlich dumpfe Bumsen von Stirn auf Marmorkante? Erfahrene Eltern können hier präzise Ferndiagnosen stellen.

Ob du anschließend ins Krankenhaus fahren musst oder nicht, lässt sich ganz einfach entscheiden: Schweigt das Kind nach dem Aufprall oder blutet die Wunde, solltest du Vollgas geben. Kräht es dagegen aus voller Brust und auf der Stirn wächst ein gigantisches Horn, ist normalerweise kein Ganzkörper-Computerscan nötig – auch wenn dir die Ärzte den schon bei einem aufgeschürften Knie aufschwatzen, falls du privatversichert bist.

• 12 Monate: Dei Hard

Hurra, das Baby beginnt zu sprechen! Zumindest behauptet das deine Lady. In Wirklichkeit kann es nur ein Wort: »Dei«. Es steht für Eis, Fleisch, kalt, heiß, Ei, Mama, Papa oder auch Quark. Die jeweilige Bedeutung kennt nur die Mutter. Bis das Kind wirklich sprechen kann, vergeht noch rund ein halbes Jahr.

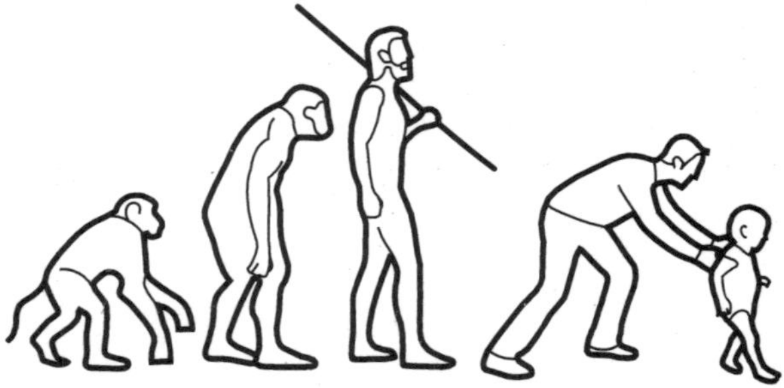

Mit einem Jahr: Das Kind lernt den aufrechten Gang – die Eltern verlernen ihn. Während der folgenden Beulenmonate stürzt das Vatertier gebückt wie die Neandertaler hinter der Brut her. Ein sinnloses Unterfangen, denn Kleinkinder fallen mit Überschallgeschwindigkeit.

• 18 Monate: Bitte gib mir nur ein Wort

Das Kind lernt tatsächlich zu sprechen. Aus »Dei« wird »Dau« und – bei Jungs – irgendwann »Auto«. Wenn dieser Moment gekommen ist, musst du sofort handeln: Verschwende deine wertvolle Zeit nicht damit, dem Kind vermeintlich wichtige Wörter wie »Mama«, »Papa« oder »Luke Skywalker« beizubringen. Setze stattdessen die Namen von Körperteilen ganz oben auf den Lehrplan, vor allem »Ohr«. So kann das Kind schnell sagen, was ihm weh tut.

Allzu viel Energie solltet ihr allerdings nicht ins Wörterbeibringen stecken, schließlich wird das gesamte Sprachzentrum im dritten Lebensjahr noch einmal komplett überformatiert – und zwar am ersten Tag im Kindergarten. Du hast richtig gelesen: Ausgerechnet dieser Schmelztiegel pädagogischer Kompetenz, in dem Kinder lernen, »die Kommunikationsmöglichkeiten altersadäquat zu nutzen« (Zitat Kita-Prospekt), fördert den sprachlichen Verfall immens. Nur dreieinhalb Stunden Aufenthalt im Kindergarten reichen, und das mühsam von euch eingetrichterte Hochdeutsch zerbröselt samt Konjunktiv und Sondervokabeln zu gutturalem Anal-Gestammel. Welche frappierenden Rückschritte in professioneller Umgebung möglich sind, zeigt dieses Beispiel:

Kind vor dem ersten Kindergartentag um 8.30 Uhr: »Jan sagt, er habe im Urlaub Roquefort gegessen.« Das gleiche Kind am gleichen Tag um 12.30 Uhr: »Pupspups-pups, alter Schisko-Arschi – ne!«

• 24 Monate: Voll auf die Nüsse

»Die kleine Persönlichkeit entsteht.« Dieser Satz steht in vielen Ratgebern zu dieser Lebensphase. Er bedeutet übersetzt: Dein Kind wirft sich auf den Boden eines Supermarkts und schreit, als hättest du einen glimmenden Zigarettenanzünder in der Windel vergessen – und all das nur, weil du dem Monster kein Überraschungsei gekauft hast. In dieser Phase ist das Kind obendrein genau so groß, dass es beim Um-sich-Schlagen deinen Schritt trifft.

Vorsicht! Wenn du dich in dieser Sekunde vom Schmerz betäuben lässt und beim Thema Ü-Ei einknickst, wirst du es bitter bereuen. Du musst das Kind unbedingt weiter auf dem Boden schreien lassen und den Einkauf so normal wie möglich fortsetzen, auch wenn dich die anderen Kunden noch hasserfüllter als sonst angucken. Gibst du in diesem Moment nämlich klein bei, tritt das Kind in das ein, was erfahrene Mütter als »schwierige Phase« bezeichnen. Das bedeutet Gezicke bis zur Volljährigkeit.

ERZIEHUNG

Klar, ich weiß, du warst als Kind total pflegeleicht. Deine Kinder sind es leider nicht. Deshalb wirst du nicht drum herumkommen, sie ein bisschen zu erziehen. Ungefähr ab einem Jahr musst du ran, sonst tanzt dir der Nachwuchs bald auf der Nase rum. Wichtig: Du solltest das → Gladiator-Prinzip anwenden – also immer nur einen Gegner auf einmal attackieren.

Ansonsten beruht erfolgreiche Erziehung vor allem auf Terror. Das ist die einzige Sprache, die Kinder verstehen. Belohnungen sind schön und gut, aber wirklich weiter kommst du nur, wenn du drohst oder bestrafst. Die Regel: Sanktion einmal ankündigen, beim zweiten Verstoß sofort ausführen.

Bewährt hat sich, das Kind für etwa 30 Sekunden vor die Zimmertür zu setzen. Das hassen die Monster komischerweise – selbst wenn es nur eine Glastür ist.

Und noch eine Warnung: Gib dich nicht der Illusion hin, mit dem Erziehen jemals fertig zu sein. Nur weil dein Kind ein Jahr lang nicht an deinen Laptop gegangen ist, heißt das keineswegs, dass das so bleibt. Kaum bist du nicht da, popeln sie schon am Einschalter rum. Anscheinend wird die Hirn-Festplatte bei Kindern alle paar Tage neu formatiert. Du musst daher das System ständig neu aufsetzen.

ESSEN

Weißt du noch? Als du als Kind hungrig warst, hat dir deine Mutter manchmal eine Banane kleingematscht. Aus heutiger Sicht ein leichtsinniges, ja sogar gesundheitsgefährdendes Verhalten. Deine Mutter sollte sich was schämen. Denn Bananen sind schon lange nicht mehr zum Verzehr bestimmt, zumindest nicht die ganze Frucht. Wer sein Kind nicht auf der Stelle töten will, verfüttert nur die Mitte; die Enden enthalten zu viel Natrium, Nitrit, Nitroglyzerin oder was auch immer. Diese Regel gilt übrigens auch für Biobananen. Und das ist nur eine von vielen Todesfallen, die in jedem Supermarktregal lauern.

Was ist hier los? Ganz einfach: Wenn du dich unter Müttern oder anderen → Herdmännchen bewegst, wirst du schnell merken, dass ein Baby zu füttern heutzutage eine Wissenschaft ist – in etwa so kompliziert wie Experimentalphysik. Um kaum eine Sache wird so ein Bohei gemacht wie ums Essen. Hunderte von Ratgebern beschäftigen sich ausschließlich mit dem Thema, und jede Mutter, die etwas auf sich hält, hat sich schon vor der ersten Presswehe eine eigene Ernährungsreligion zusammengebastelt.

Was die Sache mit dem Essen so heikel macht, zeigt das Beispiel mit der Banane: Du kannst bei der Ernährung nicht auf vorhandenes Wissen zurückgreifen, weil das meiste, was du aus deiner Kindheit noch als Essen kennst, mittlerweile unter dem Label »Giftstoff« läuft. Ketchup zum Beispiel: Ist total passé, weil zuckerhaltig. Kinder aus biologisch-dynamischem Anbau, die in Grüngürteln wie Berlin-Mitte aufwachsen, dürfen ihre Tofu-Bratwurst unter keinen Umständen in Kraft, Heinz & Co. dippen. Nein, reines Tomatenmark muss es sein.

Zu all den unüberschaubaren Regeln kommen noch die jeweils aktuellen No-nos: In einem Jahr gilt Gluten als nahezu tödliches Gift, im nächsten ist Laktose oder Sojaprotein der böse Bube. Wobei sich die Hysterien des Tages durchaus widersprechen können. Was gestern noch im Verdacht stand, Allergien auszulösen, stärkt morgen schon das Immunsystem und sorgt für Topnoten im Abitur.

Mütter lieben diese Panikmache: Mit der gleichen Leidenschaft, mit der sie früher über Modetrends diskutierten, kauen sie jetzt in der Krabbelgruppe die aktuellen Krankmacher durch. Und wehe, du hast nicht aufgepasst, dann gibt's einen bösen Blick plus ein »Wie, das wusstest du nicht?«.

Wie bei allen Sachen, die mit Babys zu tun haben, ist die Grenze zwischen Wissenschaft und Voodoo auch beim Essen fließend. Du solltest dich also nicht wundern, wenn dir eine Mutter auf dem Spielplatz mit todernster Miene erzählt, dass sie ihrem Kind keine Paprika zu essen gebe, weil die Schale an der Magenwand festklebe und ein qualvoller Hungertod die Folge sei.

Für dich ist das alles kein Thema, denn du hast einen Freund – Claus Hipp. Mit Hilfe seiner Fertiggläschen und deiner treuen Mikrowelle kriegst du den Nachwuchs locker abgefüttert (einen speziellen Fläschchenwärmer, womöglich mit 12-Volt-Adapter fürs Auto, braucht kein Mensch).

Dein Speiseplan für den achten Monat sieht in etwa so aus:

- morgens: ein Fläschchen mit Milch aus Pulver
- mittags: ein Gläschen mit Möhren, danach ein halbes Gläschen mit zermatschtem Apfel
- nachmittags: den Rest vom Apfelgläschen

- abends: ein Schälchen Nachtbrei, aus Pulver angerührt. Alternativ ein paar Stücke Toast ohne Kruste mit Leberwurst drauf; dass solche Stullen laut Ökoratgeber erst ab dem 14. Lebensjahr erlaubt sind, ignorierst du.

Alles in allem kostet dich das Essenmachen nur eine Viertelstunde, und du kannst dich umso ausgiebiger aufs Aufwischen des sogenannten Möhrenregens konzentrieren – er entsteht, wenn das Kind einen großen Löffel Karottenbrei im Mund hat und ausgerechnet dann niesen muss.

Einige Dinkelmütter bestehen darauf, das Baby selbst zu bekochen, und verschwenden damit massiv ihre Zeit, weil a) der Nachwuchs den liebevoll zubereiteten Kohlrabibrei höchstwahrscheinlich verschmäht und 20 Minuten Lebenszeit den Bach runter sind und b) man es selbst ohnehin nie besser als Claus Hipp hinkriegt. Selbst die härtesten Selberkocher sind nach einiger Zeit, haha, weichgekocht und drehen deckelknirschend ein Gläschen auf.

Ab dem ersten Lebensjahr isst das Kind genau das Gleiche wie ihr, bloß kleingeschnitten oder zermatscht. Wenn du willst, dass auch nur ein einziger Bissen die Speiseröhre erreicht, sollte das Essen folgende drei Grundbausteine enthalten, die jeder Kinderkörper braucht: Fett, Zucker und Salz. Alles andere ist entbehrlich. Laugenbrezeln, Tütensuppen und Nudeln marschieren rein, Pizza und Hamburger bleiben die großen Hits.

Apropos Hits. Elvis hat einmal gesagt: »Zwei Dinge auf der Welt funktionieren immer – Nutten und Cabrios.« Hätte er sich ein wenig mehr um die kleine Lisa Marie gekümmert, wären sicher auch Fischstäbchen in der Aufzählung dabei gewesen.

FLUCHTFAHRZEUG

Ein Baby macht jedes Haus zum Nonnenkonvent: Laut Musik hören, Zigaretten rauchen, lange aufbleiben, Sex – an diese Dinge darfst du ab sofort nur noch denken, denn sie wecken entweder das Kind auf oder machen es krank. Nicht mal anständig Lüften ist erlaubt. Wenn dazu noch die berühmte 9½-Wochen-Kolik kommt (→ Entwicklungsphasen), wirst du dir vorkommen wie ein Babyfläschchen, das ein dummer Vater zugeschraubt in die Mikrowelle gestellt hat: Du hast das Gefühl, jeden Moment zu explodieren.

In diesem Fall solltest du dein letztes Rückzugsgebiet aufsuchen – dein Auto. Mach die Scheiben so weit runter wie möglich und die Anlage so laut wie möglich; nach einem zweistündigen Joyride wird es dir bessergehen. Weitere Einzelheiten hierzu unter dem Stichwort → *Babykoller*.

FREIZEIT

Wie sehr du dir es auch einreden wirst: Die gesegneten Stunden im Büro fühlen sich als Vater zwar wie bezahlter Urlaub an, können auf Dauer aber keine echte Freizeit ersetzen. Am Arbeitsplatz mangelt es einfach an Muße, um die Gedanken wirklich schweifen zu lassen. Man kann die Füße nicht richtig hochlegen, und es fehlt der Bildschirmarbeitsplatz, an dem einem keiner über die Schulter gucken kann.

Die schlechte Nachricht ist: Freizeit, wie du sie von früher kennst, existiert nicht mehr. Die zieht der Arzt direkt nach der Entbindung ein. Was dir als Vater bleibt, ist Freizeit im Akkord. Schließlich muss ab jetzt immer einer auf das Kind aufpassen, und das ist in den ersten drei Jahren ein Vollzeitjob.

Vor allem frische Eltern wollen das nicht wahrhaben und verabreden sich gleich nach der Rückkehr aus dem Krankenhaus mit ihren Freunden, fest davon überzeugt, dass sie weiterleben können wie bisher.

Einmal geht der Kneipentrip vielleicht sogar noch gut: Das Baby schläft seelenruhig im Maxi-Cosi, während die Erzeuger ihre Mojitos schlürfen und hart daran arbeiten, Normalität vorzugaukeln. Die Mutter ist den ganzen Abend damit beschäftigt, den Drang zu unterdrücken, nach dem Baby zu schauen. Der Vater wird das tun, was Männer unter Säuglingspflege verstehen:

bei jedem Gang zur Theke das Baby mit dem Finger in den Bauch piken und sagen: »Na, kleiner Mann?«

Doch spätestens am zweiten Abend werden die Anfänger von der Wirklichkeit eingeholt: Nachdem sich das Baby erstmals auf Tisch, Vater und das ultrateure Multimediahandy seines besten Kumpels entleert hat und die Mutter den Kneipenboden mit Toilettenpapier aufwischen musste, werden auch diese Eltern einsehen: Unser Sozialleben ist Geschichte.

Die neunmalklugen Überpapis behaupten zwar immer: »Mit den Kindern zu spielen macht mir am meisten Spaß.« Wer jedoch nur halbwegs ehrlich zu sich selbst ist, muss zugeben, dass das Schwachsinn ist. Die Wahrheit traut sich niemand auszusprechen: Babys haben einen grottenschlechten Unterhaltungswert. Bis zum zweiten Lebensjahr ist es stinklangweilig, mit ihnen länger als eine Stunde abzuhängen. Und wenn es nicht schon vorher zu deinen Hobbys gehört hat, mit einer Schaufel Förmchen zu füllen, und zwar 37-mal hintereinander, gerne auch bei zwölf Grad und Nieselregen, wirst du bald merken, dass ein Ausgleich angezeigt ist. Also: Hobbys bloß nicht einschlafen lassen!

Die nötige Zeit dafür verschaffst du dir nach dem bekannten Zug-um-Zug-Verfahren (→ Elternmeilen): Du schiebst zum Beispiel am Samstagvormittag Babydienst, während die Lady in der Stadt einkaufen geht, um den Nachmittag dann in Ruhe im Stadion, Proberaum oder Fitness-Studio verbringen zu können.

FREMDELN

Eine schlimme Phase im ersten Lebensjahr, während der die Babys noch mehr schreien als ohnehin schon. Während dieser Zeit wirst auch du versucht sein, ein bisschen zu »fremdeln«. Aus diesen Plänen wird aber nichts, versteht sich. Mit einer Sache hatte der Pfarrer damals in dem Vorgespräch zu eurer Hochzeit tatsächlich recht: Ein Kind schweißt eine Ehe zusammen. Und sei es auch nur, weil du nach einem Babytag viel zu müde bist, um noch ein Auswärtsspiel anzuleiern.

GARTENARBEIT

Als Kind hat man sich immer gefragt, warum sich Eltern das antun: Selbst am letzten schönen Tag des Jahres noch irgendwelche Büsche kappen oder Terrassenböden schrubben. Die Antwort wirst du schnell herausfinden. Sie lautet: *die Alternative*. Alles ist besser, als mit zwei müden Zwei- oder Dreijährigen die Stunden von 16:30 bis 20.00 Uhr zu verbringen. Alles. Sogar Unkraut zupfen.

GEBURT

Im Ernst: Du hast nicht viel verpasst, wenn du das Wunder der Geburt vor der Tür des Kreißsaals miterlebst, zumal du alle drei Phasen der Entbindung – Schmerz, Schmerz, gefolgt von unvorstellbarem Schmerz – auch hier gut mitbekommst. Das Geschrei durchdringt jede Wand.

Wenn du unbedingt dabei sein willst, wird sich dein Beitrag auf mitleidig Gucken, Händchenhalten und hilflos Dreinblicken beschränken. Wichtig: Nach der Entbindung solltest du deine Augen starr auf das Kind fixieren. Ärzte haben nämlich heutzutage die Angewohnheit, alles, was danach aus der Frau zusätzlich noch rauskommt, vorzuzeigen, als sei es ein angelpokalverdächtiger Karpfen.

GEBURTSVORBEREITUNGSKURS

Du musst die Schuhe ausziehen. Und das ist nur ein Grund von vielen, diese auch als Hechelseminar bekannte Veranstaltung rigoros zu boykottieren. Insgesamt sind diese Kurse völlig überflüssig, weil dich nichts, aber auch gar nichts wirklich auf das vorbereiten kann, was da auf dich zu kommt. Außerdem hast du bis zum Tag X ohnehin alles wieder vergessen.

Das Schlimmste an diesem Rudelhecheln ist jedoch, dass ständig Wörter wie »Schleimpfropfen« fallen. Warum in aller Welt wollen Frauen unbedingt, dass man sie für den Rest des Lebens als blutenden Alien in Erinnerung hat? Warum dürfen sie nicht geheimnisvolle, edle Wesen bleiben?

Diese Zwangsaufklärung geht nach der Geburt weiter. Besondere Vorsicht ist bei kostenlosen Familienmagazinen geboten, die beim Babyturnen, bei Kinderärzten und in Läden ausliegen, wo es Kinderklamotten zu kaufen gibt, die von Promi-Ehefrauen designt wurden und doppelt so viel kosten wie deine eigenen. Diese Postillen (Erkennungszeichen: Die gesamte Redaktion hat Doppelnamen) sind ein wahres Gruselkabinett. Wer beim Lesen eine Sekunde nicht aufpasst, erfährt, was passiert, wenn die Muttermilch durchs Piercingloch aus dem Nippel schießt, oder ob die Mutter nach der Entbindung größere Tampons tragen muss.

GENE

Du glaubst: »Mein Kind wird eine ausgewogene Mischung aus mir und ihr.« Das kann sein, muss aber nicht. Es kann auch eine Mischung aus deiner Mutter und ihrer Mutter dabei herauskommen. Denk drüber nach und wunder dich später nicht.

GLADIATOR-PRINZIP

Die meisten Eltern machen den Fehler, zu viel auf einmal zu wollen: Das Kind soll bitte und danke sagen, andere Erwachsene siezen, nicht dazwischenquatschen und am Tisch sitzen bleiben, bis alle fertig sind. Mit so hohen Ansprüchen reibst du dich total auf.

Deshalb solltest du wie ein Gladiator vorgehen: immer nur einen Gegner auf einmal angreifen. Erst durchdrücken, dass mit der Gabel gegessen wird, dann das »Danke« einführen. Kleinscheiß solltest du ignorieren. Überhaupt besteht Elternsein vor allem aus taktischem Weggucken (→ Sichterziehung). Wenn du zu viel auf einmal erziehen willst, schrumpft dein Wortschatz auf »nein« zusammen und du mutierst zu einer unausstehlichen Verbotsmaschine (→ Robo-Dad).

GLOBAL PLAYGROUND

»Wie mast wohk hohm nau und trink.« Solche Sätze sind mittlerweile auf jedem deutschen Spielplatz zu hören. Wenn Mami ihren Liebling von der Sandkiste loseisen will, tut sie das heute ganz natürlich auf Englisch. Es geht halt international zu in den Brutstätten des Exportweltmeisters.

Aber der Satz ist doch gar kein richtiges Englisch,

sagst du? Korrekt. Die Dame, die ihn geäußert hat, ist auch keine Engländerin, sondern stammt aus dem Hochsauerlandkreis, genau wie ihr Mann. Und den englischen Sprachraum kennen beide nur aus Rosamunde-Pilcher-Romanen.

Unfassbar, aber wahr: Immer mehr deutsche Elternpaare reden mit ihren Babys Englisch. Als Mutter seine Muttersprache zu sprechen gilt zunehmend als out. Das Standardargument für diesen Zirkus lautet: Wie soll sich das Kind sonst später im globalen Wettbewerb behaupten?

Deshalb setzen moderne Eltern auf frühkindliche zweisprachige Bildung. Fördern, fördern, fördern lautet die Devise, aus dem Kreißsaal geht es am besten gleich in den Englischkurs. Du wirst dir an vielen Orten ein bisschen wie in einem Edgar-Wallace-Film vorkommen. Damals haben ja deutsche Schauspieler auch schon Briten gemimt.

Und so schreit Mami beim Kinderturnen quer über das Mattenfeld »säts gräit«, um ihr Baby fit für das internationale Parkett zu machen. Auf dem Spielplatz haben kleine Global Player die Wahl zwischen »se slides« und »se swings« (Rutsche und Schaukel), beim Weggehen werden sie dazu gezwungen, sich bei ihren kleinen Kollegen mit »bei bei« zu verabschieden. Dass das Kind zu diesem Zeitpunkt ohnehin nur »Dei« sagen kann (→ Entwicklungsphasen), spielt keine Rolle.

So sind sie nun mal, die Eltern von heute. Das Lustigste an diesen englischen Patienten ist, dass sie ihrem Nachwuchs nicht den edlen Oxfordakzent der Queen beibringen, sondern ihr eigenes mangelhaftes Schul-Denglisch.

Immerhin bekommen die Kinder dadurch *einen* Karrierevorsprung: Spätestens nach fünf Jahren Lübke-Lektionen werden die Hosenmätze in der Lage sein, die Durchsagen im Intercity Express genauso perfekt vorzutragen wie die Damen und Herren von der Deutschen Bahn.

GRABSCHZONE

»Wenn das Baby kommt, müsst ihr zusammenrücken.« So lautet eine weitere Binse der Ratgeberliteratur. Wie eng ihr wirklich zusammenrücken müsst, erfahrt ihr beim Essen. Denn ein Baby verbraucht immens viel Platz am Tisch. Was den Raum so eng macht, ist aber nicht der kleine Schallkörper selbst, sondern die sogenannte Grabschzone.

Der Sicherheitsabstand um ein Kleinkind muss am Esstisch – erfahrene Eltern sprechen vom »Stresstisch« – nämlich mindestens 50 Zentimeter betragen. Wer in diesem Bereich etwas stehen lässt, womöglich aus Porzellan, darf sich nicht wundern, wenn es schnel-

Grabschzone: Schon ein Baby hilft gerne beim Abräumen – leider nicht so, wie du dir das vorstellst. Deshalb solltet ihr am Tisch auf den richtigen Sicherheitsabstand achten. Für euch bleibt immer noch genug Platz, ungefähr so viel wie in einem Discountflieger.

ler zerschlagen wird als seine Hoffnung auf ein normales Sexualleben.

Nicht alle Mitglieder des Haushalts können diesen undekorierten Sektor einfach so akzeptieren. Deshalb wird nach einiger Zeit Folgendes passieren: Um zu zeigen, dass man selbst mit Baby noch gepflegt frühstücken kann, legt deine Lady eine Tischdecke auf, die gefährlich weit in die Grabschzone hineinreicht. Ein schwerer Fehler! Der darauffolgende Poltermorgen wird sie lehren, den Sicherheitsabstand in Zukunft zu respektieren.

Fazit: Spätestens nach dem zweiten Kind nehmen die Grabschzonen einen Großteil des Tischs ein. Für euch bleiben nur noch kleine Eckchen. Das heißt, ihr werdet so viel Ellenbogenfreiheit haben wie in der Economy Class auf dem Flug nach Malle.

GROSSELTERN

Omas und Opas gibt es in zwei Versionen:

- **Version 1.0:** *Vor der Geburt* ist alles, was du tust, zu viel. Ultraschalluntersuchung, Vitamine, Hebamme – diesen neumodischen Kram braucht doch niemand. Jeder Satz, den Großeltern vor der Geburt ablassen, trieft nur so vor Verachtung. Ihr seid weich, weicher, Weicheier! Wir haben euch damals auf einem nackten, harten Felsen zur Welt gebracht. Und? Hat es euch geschadet?

- **Version 2.0:** *Nach der Geburt* ist alles, was du tust, zu wenig. Von Sekunde eins an haben Großeltern die absolute Deutungshoheit über das Kind. Die Analysen prasseln nur so auf euch ein: »Es hat Durst – sieht man doch!«, »Klare Sache: Mittelohrentzündung!«, »*Das* würde ich auch nicht essen wollen«. Eine Oma ist nie um eine Diagnose verlegen. Dabei spielt es keine Rolle, ob das Baby gerade getrunken hat, von Blähungen geplagt wird oder nur satt ist. Oma hat recht. Basta. Protest ist sinnlos. Vor allem deine Mutter wird ab sofort einen Gesichtsausdruck aufsetzen, der nur noch eine Botschaft zu vermitteln scheint: *Ein Wunder, dass das Kind noch lebt*!

Sobald eure Eltern beim Babydienst mitmischen (→ Abschieben), wird dir allerdings auffallen, dass sie keineswegs so perfekte Väter und Mütter sind, wie sie selbst glauben. Im Gegenteil: Omas Erziehung ist völlig unausgegoren. Zum Beispiel cremen Großeltern das Kind von außen immer mit Lichtschutzfaktor 50 ein, von innen dagegen hemmungslos mit einer gesundheitsgefährdenden Fett-Zucker-Masse, die auch als Nutella bekannt ist.

Das bringt dich in eine schwierige Lage, denn wessen Brot ich ess, dessen Lied muss ich mir anhören. Wenn du die Betreuungspower deiner Eltern weiterhin kostenlos abgreifen willst, wirst du den Vorwürfen und Ratschlägen wohl oder übel lauschen müssen. Auch hier gilt: Kampfplätze gezielt aussuchen; nur gegen Oma-Unfug angehen, wenn ernsthafter Schaden droht (→ Erziehung).

GRUNDREGELN

Dass eure Freundschaften mit Kinderlosen nach dem ersten Brüten einschlafen oder in die Brüche gehen, hat eine einfache Ursache: Diese Ignoranten haben einfach keine Ahnung! Kinderlose denken doch wirklich, sie könnten immer noch um 19 Uhr anrufen, um sich mit euch für 20 Uhr in der Kneipe zu verabreden. Oder sie glauben, dass man mit dir einfach so tagsüber telefonieren kann – nur weil ihr bescheuertes Streber-Patenkind sich schon stundenlang selbst beschäftigen kann.

Am besten ist natürlich, wenn die Kinderlosen sozialen Selbstmord begehen, indem sie dir in die Erziehung reinreden, zum Beispiel mit der klassischen Bombe: »Bei mir gäb's so was ja nicht.« Danach ist die Freundschaft schnell Geschichte.

Um solche Fehltritte zu vermeiden, hier nun auch für alle Menschen, die daheim immer noch ein Feuerzeug rumliegen lassen können, die Grundregeln des Elternseins:

- **Mit Kindern geht nichts schnell.**

Warum musste die *Titanic* mit Maus und Mann untergehen? Ganz einfach: weil der Kapitän einen entscheidenden Fehler beging. Er gab das Kommando »Frauen und Kinder zuerst« aus. Damit besiegelte er das Schicksal der Passagiere, zumindest das der Gentlemen.

Denn während die Kapelle an Deck ihren letzten Walzer fiedelte, waren die Mütter an Bord vollauf damit beschäftigt, ihre kleinen Lieblinge absprungbereit zu machen: erst noch den Abendbrei auslöffeln, ja, einen kleinen Happen für Papa. Dann das frisch abgekochte Wasser fürs Fläschchen abkühlen (Wo sind Eiswürfel, wenn man sie braucht?). Und die frisch angelegte Schwimmwindel hat der kleine Schatz natürlich auch gleich wieder vollgemacht. Also noch mal komplett aus- und umziehen, so viel Zeit muss sein. Währenddessen warteten die Männer oben neben den leeren Rettungsbooten und schauten dem Kahn beim Sinken zu. Jedenfalls heißt es nicht umsonst, dass ein Schiff mit *Mann* und Maus untergegangen ist.

Was lernen wir daraus? Mit Kindern geht nichts schnell. 60 Minuten vom Aufstehen bis zum Verlassen des Hauses ist eine Topzeit, ohne Frühstück geht's schneller. Soll der Trip dagegen in die Stadt führen, was zusätzliche Aufbrezelzeit für die Lady bedeutet, können es locker 90 Minuten werden. Bitter, aber wahr: Spontaneität will ab jetzt wohlgeplant sein.

- **Kein Kind ist wie das andere.**

Es gibt zwei Arten von Babys: die der anderen Leute und deins. Der Unterschied wird dir sofort auffallen, wenn du Bekannte besuchst, die gerade gebrütet haben. Ihr Kind führt sich auf wie die Babys in einer Daily

Der kleine Unterschied: Eure Bekannten bringen kleine Engel und Prinzessinnen hervor, ihr dagegen Chucky, die Mörderpuppe. Genau das ist gemeint, wenn es heißt: »Kein Kind ist wie das andere.«

Soap: Es schreit bei eurer Ankunft ungefähr fünf Sekunden, verfällt aber anschließend sofort in ein seliges Glucksen, das den Rest der Besuchszeit anhält. So kann sich Mami in Ruhe die Tränen aus den Augen pressen, während Papi ein »Ich liebe dich« haucht – ohne dass im Hintergrund aus dem Babykörper irgendwelche Detonationen zu hören sind. Dein Kind dagegen benimmt sich von Sekunde eins an wie Chucky, die Mörderpuppe aus den gleichnamigen 1980er-Horrorfilmen.

Was lernen wir daraus? Kein Kind ist wie das andere.

Leider kennen nicht alle Eltern diese feinen Unterschiede, vor allem nicht jene mit Seifenoper-Baby. Deshalb solltest du gar nicht erst versuchen, mit ihnen über Kinderkram ins Gespräch zu kommen und ihnen dein Leid zu klagen. Sie werden nur ungläubig schauen und dich für einen Miesepeter halten, der sich das mit dem Kinderkriegen wohl besser mal vorher überlegt hätte.

Am allerschlimmsten sind übrigens Eltern, die auch mit Chuckys gesegnet sind, sich aber vorgenommen haben, das ganze Elternding total supi zu finden. Eigentlich würden sie sich gerne bei dir ein bisschen ausheulen, sind aber gefangen in ihrem eigenen Gesinnungsterror und beißen sich lieber auf die Zunge. Für deine Beichte (»Mein Kind nervt heute!«) solltest du dir eine zwei- oder besser dreifache Mutter aussuchen.

- **Kein Tag ist wie der andere.**

Gute Bodyguards wissen: Wer unberechenbar bleibt, bietet seinem Gegner keine Angriffsfläche. Gewohnheitsmenschen dagegen werden als Erste ausgeknipst. Babys haben dieses Prinzip perfektioniert. Deshalb lautet Grundregel Nummer drei: Kein Tag ist wie der andere.

An einem Abend etwa räkelt sich das Baby lächelnd auf dem Wickeltisch und lässt sich widerstandslos die Windel wechseln. Am nächsten rastet es bei der kleinsten Berührung aus, als würdest du ihm ein Brandzeichen aufdrücken. Und die Lage kann sich in nur zehn

Minuten wieder völlig umkehren! Kurz gesagt: Die Stimmung eines Säuglings ist ungefähr so stabil wie die Stimmung deiner Lady im siebten Schwangerschaftsmonat. Und meistens auch so angenehm.

Aus diesem Grund solltet ihr euch niemals einbilden, es *geschafft* zu haben. Lasst euch nicht täuschen von einmal Durchschlafen oder dem ersten erfolgreichen Gang zur Toilette. Dann seid ihr nur umso enttäuschter, wenn ihr die folgenden drei Monate um 3.41 Uhr das Bettlaken wechseln müsst.

Es führt kein Weg an der Wahrheit vorbei: Erledigt ist euer Elternjob erst, wenn im Jahr 2027 der Umzugslaster vor dem Haus abfährt. Vielleicht.

Hass

Wenn du als Mann mit einem Kind unter der Woche allein unterwegs bist, musst du mit reichlich Ablehnung rechnen, und zwar von allen Seiten:

- Mütter hassen dich, weil ihre Macker ins Büro geflohen sind oder weil sie dich für eine Susi halten – eine Hardcore-Weichflöte eben.
- Väter hassen dich, weil sie ein schlechtes Gewissen haben oder weil sie dich für eine Susi halten.
- Großeltern hassen dich, weil sie glauben, dass du ein arbeitsloser Schmarotzer bist.

Der Hass steigt ins Unermessliche, sobald du nicht in das Klischee eines alleinerziehenden Vaters passt, also ohne verwaschenes Sweatshirt, Birkenstocks und schwarze Jeans rumrennst. Wenn du deine Umwelt also zusätzlich provozieren willst, solltest du beim Babydienst das Gleiche anziehen wie im Büro. Aber eigentlich reichen schon gewaschene Haare.

HAUSFRAU

Bevor du irgendwas sagst: Kümmere dich mal einen ganzen Tag um das Kind, vom Aufstehen bis Ins-Bett-Gehen, und zwar mit allem Drum und Dran: wickeln, baden, essen, einkaufen, putzen und so weiter. Natürlich ohne dass Oma, Opa, Geschwister oder Freunde helfen. Blick um neun Uhr morgens in den Abgrund, der da heißt: noch zehn Stunden Verantwortung. Und das Ganze am besten ein paarmal hintereinander, um Glückstreffer (→ Grundregeln) auszuschließen. Dann reden wir noch mal über das Thema. Urlaubstage gelten übrigens nicht, du Schisser!

Warum ausgerechnet Hausfrauen als Sexmonster gelten, bleibt das letzte Rätsel der Menschheit. Das einzige Gefühl, zu dem du nach einem Vater-Tag noch fähig bist, ist Müdigkeit. Wenn deine Frau entspannt aus dem Büro kommt und sich mit ihrem knallengen Hosenanzug neben dich aufs Sofa setzt, wird es so weit sein. Leise wirst du ihn wimmern, den großen, ewigen Klassiker unter allen Muttersprüchen: »Ich sitze heute zum ersten Mal!«

HEBAMMEN

Geburtshelferinnen bieten eigentlich einen guten Service an. Sinnvoll ist es zum Beispiel, schon während der Schwangerschaft eine sogenannte Beleghebamme zu engagieren. Sie kommt regelmäßig ins Haus, untersucht die Lady untenrum irgendwie (nein, du darfst nicht zugucken) und weiß bei kleinen Problemchen Rat. So muss die werdende Mutter nicht wegen jeder Kleinigkeit zum Frauenarzt rennen. Das ist eine wirklich praktische Dienstleistung – oder, wie die Großeltern sagen würden, »purer Luxus!«

Leider gibt es mit Hebammen ein kleines Problem: Die Branche ist anthroposophisch-ökologisch durchseucht. Und so hat man, wenn Hebammen den Mund aufmachen, oft das Gefühl, wieder im Firm- bzw. Konfirmandenunterricht zu sitzen. Wunder dich zum Beispiel nicht, wenn die Dame nach zehn Stunden Presswehen-Tortur salbungsvoll verkündet: »So, jetzt warten wir auf das Leben.«

Wesentlich schlimmer jedoch ist, dass Hebammen randvoll mit Hokuspokus sind. Mit wissenschaftlichen

Beweisen nehmen es die Damen oft nicht so genau. Tenor: Man habe ja all die Erfahrung und wisse ohnehin viel besser Bescheid als die verkopften Ärzte.

Ein gutes Beispiel dafür ist die sogenannte Moxa-Therapie. Hebammen setzen sie ein, wenn das Kind im Bauch falsch rum liegt und umgedreht werden soll. Beim Moxen wird – einfach gesprochen – eine brennende Zigarre dicht an den Fuß (!) der Schwangeren gehalten. Diese Therapie bewirkt, dass sich das Kind ganz von alleine umdreht oder seine ursprüngliche Position beibehält. Und das vollkommen ohne Chemie! Allein schon deshalb ist das Moxen absolut zu empfehlen. Ihr solltet euch aber innerlich trotzdem auf einen Kaiserschnitt vorbereiten (→ Convenience-Geburt).

Der Vorrat an Voodoo, den Hebammen mit sich herumtragen, wird dich umhauen. Zu fast jedem Aspekt der Säuglingspflege können die Moxen-Luder ein Geheimrezept aus dem Ärmel schütteln. Eine Weisheit zum Beispiel: Isst die stillende Mutter zum Frühstück zerstampfte Mandeln, kriegt das Baby nicht so schnell wieder Hunger. Und bevor du fragst: Ja, es müssen Mandeln sein, und zwar von glücklichen Ökomandelbäumen. Da deine Lady in dieser Phase geistig nicht ganz auf der Höhe ist – das Phänomen nennt man Stilldemenz –, fällt sie auf dieses Voodoo auch noch rein. Deine Gegenmaßnahme: Erscheint dir etwas besonders haarsträubend, solltest du vorschlagen, eine zweite Meinung einzuholen, und zwar vom Frauenarzt. Der rollt garantiert mit den Augen, wenn er nur das Wort Hebamme hört.

HELIKOPTER-ELTERN

Sie kreisen Tag und Nacht über den kleinen Schneeflocken, damit ihnen ja nichts passiert. Helikopter-Eltern haben jedes nur erdenkliche Sicherheitsprodukt gekauft. Am Baggersee etwa stecken sie ihre Prinzen und Prinzessinnen grundsätzlich in einen Ganzkörper-UV-Schutzanzug, auch nach Einbruch der Dunkelheit (→ Sonnenschutz). Vor dem Martinszug teilen sie ADAC-geprüfte Pannen-Warnwesten an den Nachwuchs aus. Ihre Schätzchen müssen selbst auf einem Rodelhügel mit 1,2 Grad Steigung einen Sturzhelm tragen und dürfen erst aufs Spielplatzgerüst, wenn zuvor der Mundschutz Modell Mike Tyson installiert wurde. Kurz, sie geben dir ständig das Gefühl, ein potentieller Kindermörder zu sein. Fernhalten.

HERDMÄNNCHEN

Typen wie du, also solche, die so tun, als ob sie ernsthaft Babydienst schieben. Bei den Herdmännchen in deinem Block kannst du dich so richtig ausheulen. Sie wissen, wie es sich anfühlt, wenn man anfängt, über Sex mit der Tanzlehrerin aus dem Bilderbuch *Sophies erste Ballettstunde* nachzudenken. Sie verstehen deinen Schmerz, wenn die Lady euer Konto um 300 Euro überzieht, nur um eine professionelle Kinderschminkerin für die erste (die erste!) Geburtstagsparty zu bezahlen – obwohl es in diesem Alter völlig ausreicht, als Unterhaltungsprogramm ein Fenster zu öffnen. Sie haben immer ein offenes Ohr für deine Sorgen, Nöte und Porno-Links. Sie hören dir einfach nur zu.

Vorausgesetzt, du redest mit ihnen. Was du nicht tust. Denn Herdmännchen sind wie alle anderen Männchen – Einzelgänger eben. Und das ist gut so.

HITZEFREI

Bislang spielte das Wetter in deinem Leben keine Rolle. Wenn es heiß war, bist du in den Biergarten gegangen, bei Regen ins Kino. Damit ist radikal Schluss. Du wirst ab sofort merken, dass es so etwas wie Jahreszeiten gibt, und zwar Frühling, Sommer, Herbst und Wie-zur-Hölle-sollen-wir-den-Tag-hier-drinnen-rumbringen.

Jawohl, du wirst vor dem Winter ab sofort richtiggehend Angst haben. Denn je kälter es wird, desto härter stellt sich dein Betreuungsjob dar. Jedes Grad weniger auf der Silbersäule verlängert deinen Dienst gefühlt um

Da braut sich was zusammen: *Kömmt vom Himmel eine Flut, der Babytag sich dehnen tut.* Diese alte deutsche Bauernweisheit deckt sich mit den Erfahrungen moderner Väter: Jedes Grad weniger auf dem Thermometer verlängert den Dienst am Kinde gefühlt um eine halbe Stunde.

eine halbe Stunde. Kinder brauchen nämlich wie Hunde regelmäßig Auslauf, sonst werden sie piefig. Deshalb verfolgst du die Wettervorhersage vom »heute-journal« ab sofort so gebannt, als wäre es das Endspiel der Champions League.

Das absolute Horrorszenario: zehn Grad und Regen. Bei diesem Wetter könnt ihr nicht auf den Spielplatz gehen – oder nur, wenn vorher umständlich Matschhosen, -jacken und Gummistiefel installiert wurden. Sollte dir dafür die Geduld fehlen, musst du wohl oder übel für die kommenden zwölf Stunden Indoor-Beschäftigungen finden (→ Aktivitäten).

Völlig easy dagegen gestaltet sich das Leben ab 25 Grad. Dann hast du hitzefrei und kannst den Autopiloten anschalten: Dreh den Gartenschlauch auf – und beobachte, wie das Kind seine Kalorien verbrennt.

HÖHEPUNKTE

Es gibt auch eine frohe Botschaft: Nicht alles am Kinderkriegen ist schlecht. Im Gegenteil: Alles wird besser. Du kannst dich in den ersten drei Jahren als Vater zum Beispiel auf folgende Höhepunkte freuen:

Das Leben als Vater ist also nicht so freudlos, wie es in diesem Buch manchmal scheint. Und das Beste kommt noch – nämlich die große Wende. Meistens nähert sie sich auf leisen Sohlen, an einem ganz gewöhnlichen Tag nach dem dritten Geburtstag. Zunächst ist von dem gewaltigen Umbruch nichts zu spüren. Du spulst deinen Babydienst routiniert ab: aufstehen, anziehen, Sandspielzeug einpacken, ab auf den Spielplatz, Bank besetzen, Zeitung raus.

Doch plötzlich, nach ungefähr zehn Minuten, durchzuckt es dich wie ein Blitz: Etwas stimmt nicht! Aber was? Genau: Du hast tatsächlich einen ganzen Absatz in deiner *Süddeutschen* am Stück gelesen. Mein Gott, *einen ganzen langen Absatz*, ohne nach dem Kind zu gucken! Ängstlich rasen deine Augen über die Sandfläche. Da – da ist es! Gott sei Dank unverletzt. Schlendert gerade die Wackelbrücke entlang, schwingt sich am Ende auf die Rutsche und gleitet elegant hinunter. Aber es ist nicht dasselbe Kind wie noch vor einer Woche. Der Gang ist auf einmal sicher und aufrecht, kein halbes Vornüberkippen mehr. Beim Klettern sitzt jeder Griff, die Grenzen des Spielplatzes werden wie selbstverständlich respektiert.

Langsam trocknet dein Angstschweiß, und zum ersten Mal seit drei Jahren kannst du durchatmen. Genüsslich wandern deine Augen zurück zur Zeitung, denn du weißt: Die Wende ist da.

Und so geht es weiter: Auf einmal könnt ihr zusammen im Supermarkt einkaufen gehen, ohne dass der Springteufel eine kleine Sonderinventur durchführt. Vorbei das zwanghafte Herausreißen der Waren. Das Kind läuft neben dir her, legt die angeforderten Sachen in den Wagen und – noch vor einigen Tagen undenkbar – macht sich nützlich. Daheim fängt es freiwillig an, beim Tischdecken zu helfen. Seine Hoheit hat auf einmal Hunger und quittiert genehme Nahrung mit einem »Lecker!«. Abends kommt ihm gar der Satz »Ich bin müde« über die Lippen.

Kurzum: Dein Kind fängt an, sich wie ein Mensch zu benehmen. Und auch du wirst dich langsam wieder wie einer fühlen. Sommertage auf dem Spielplatz bedeuten plötzlich entspanntes Bräunen, beim Kaffeekränzchen mit anderen Müttern kommt ihr tatsächlich dazu, Kaffee zu trinken, und wenn ihr im Spielzeugmarkt seid, bleibt für dich Zeit, die neuesten Spiele für die Playstation Portable abzuchecken. Ist die Wende erst geschafft, kann es sein, dass du am Ende eines Betreuungstages fast ein schlechtes Gewissen hast.

Aber Obacht: Diese herrliche Stimmung solltet ihr nicht ohne Not durch ein → zweites Kind aufs Spiel setzen.

HORRORELTERN

Schon wenige Wochen nach der Entbindung wirst du sie kennenlernen: Menschen, die meinen, dass sich die ganze Welt um sie drehen muss, bloß weil sie sich fortgepflanzt haben. Diese Horroreltern erwarten, dass jedermann strammsteht, sobald irgendwo die Frucht ihrer Lenden auftaucht.

Kein Hochstuhl im Restaurant? Dafür kassiert der Kellner einen thermonuklearen Einlauf, als würde er Kinder *servieren*. Kein Platz in der 5-Quadratmeter-Kneipe für den Kinderwagen? Dann werden mit dem Teil so lange die Schienbeine der anderen Gäste abgehobelt, bis der Weg frei ist. Keine Extrawurst am Flughafen, kein Kinderwagentransport bis zum Flugsteig? Das schreit nach der Allzweckwaffe aller Horroreltern, der K-Klatsche: Mutti beugt sich zu ihrem kleinen Liebling runter und verkündet, für das gesamte Bodenpersonal deutlich hörbar: »Die sind hier aber *kinderfeindlich*!«

Horroreltern lassen nichts unversucht, dem Rest der Menschheit auf den Zeiger zu gehen. Schon von weitem erkennt man ihr Haus daran, dass auf dem Gehweg davor ein »Hab-acht«-Kegel platziert wurde. Mit diesem knallgelben Warndreieck sollen böse Wohngebietsraser auf die spielende Brut hingewiesen werden (Preis: 8,95 Euro).

Zum Standard gehört natürlich auch der völlig sinnlose »Baby an Bord«-Aufkleber. Oder wird der übermüdete Lkw-Fahrer, der betrunken am Steuer masturbierend und mit kaputten Bremsen auf Papis Van zurast, angesichts des Aufklebers sein Blechmonster doch lieber in die Leitplanke steuern?

Das alles ist aber nichts im Vergleich zur absoluten Spitze des Den-Rest-der-Welt-Nervens – der Fensterkelle. Dieser Wimpel aus Plastik wird von außen ans hintere Autofenster geklemmt und soll Rüpeln, die tatsächlich vorhaben, neben den Horroreltern zu parken, signalisieren: Achtung, hier wird gleich kostbarer Nachwuchs ausgeladen. Die 3,95 Euro für dieses Produkt sind gut angelegt: Es produziert mehr Kinderhass als alle schreienden Babys im Flugzeug zusammen. Die Aufschrift auf der Kelle »Bitte Abstand halten« gilt nicht nur für das Fahrzeug, sondern auch für die Insassen.

Was Horroreltern so nervig macht, ist, dass sie jede Perspektive verloren haben. Es wird zwar in Deutschland ständig über Kinder geredet, aber Fakt ist, dass sie total unbedeutend sind: So, wie es aussieht, wird es in diesem Jahr bei uns zum ersten Mal genauso viele aktive Golfer wie Neugeborene geben, ungefähr 600 000. An der Zahl kannst du sehen, dass ihr als Eltern zu einer verschwindend kleinen Splittergruppe der Gesellschaft gehört. Und genau so solltet ihr auftreten – bescheiden, unaufdringlich, höflich.

Von Horroreltern distanzierst du dich besser so gut

wie möglich. Deine Sicht der Dinge: Ein Kind zu machen stellt an sich noch keine Leistung dar. Poppen kann jeder. Deshalb solltest du in der Öffentlichkeit auf Understatement setzen. Immer locker bleiben. Wenn es im Restaurant keinen Kinderstuhl gibt, tun es der Schoß oder zwei Kissen auch.

HYGIENE

Babys sind wie die Marsianer aus »Krieg der Welten« – sie kommen einfach nicht gut mit Bazillen klar. Die kleinsten Einzeller hauen sie schon um. Daher muss in den ersten paar Monaten alles extrem sauber sein, was vor allem von dir ein Umdenken erfordert. Was immer den Boden auch nur eine Nanosekunde lang berührt hat, gilt ab sofort als unrein und muss sterilisiert werden.

Zu deinen Jobs wird es wahrscheinlich gehören, für ein keimfreies Fläschchen mit Milch zu sorgen. Das klingt einfach, entpuppt sich jedoch als hochkomplexer Prozess. Er läuft so ab:

Schritt 1:	Wasser im Topf zehn Minuten kochen.
Schritt 2:	Topfinhalt abkühlen lassen, das Fläschchen zur Hälfte mit dem jetzt sterilen Wasser füllen.

Schritt 3:	Die andere Hälfte mit Mineralwasser aus dem Kühlschrank auffüllen, bis die optimale Temperatur von 27,4 Grad Celsius erreicht ist.
Schritt 4:	Liegt die Temperatur darüber oder darunter, müssen die Schritte 1 und 2 wiederholt werden.

Erst wenn diese Mischorgie, an der selbst erfahrene Barkeeper schon gescheitert sein sollen, geglückt ist, darf das Milchpulver reingekippt und das Fläschchen serviert werden.

Diese Prozedur hat leider eine Nebenwirkung: Sie tötet nicht nur alle Keime, sondern auch einen Großteil deiner Freizeit. Deshalb solltest du allerspätestens nach dem ersten Geburtstag die Fläschchen auf eine wesentlich simplere Art abfüllen:

Schritt 1:	Wasserhahn auf lauwarm drehen, Fläschchen vollmachen.

Das ist nicht abgebrüht, sondern geht völlig in Ordnung – solange ihr einen Durchlauferhitzer habt und nicht in Somalia oder einem unsanierten Altbau von 1917 wohnt.

Überhaupt solltet ihr nicht in Hygienehysterie verfallen (→ Das dreckige Dutzend). Viele Eltern verpassen beim Abkochen den Absprung und führen den Krieg gegen die Keime bis ins Kindergartenalter weiter. Das führt zu bizarren Situationen wie dieser: Das Kind nimmt den sorgsam sterilisierten Schnuller aus dem Mund – um gleich darauf mit den Spielkameraden ein Gemisch aus vorgekauten Maoams und blauer Kreide zu probieren.

Ikea

Der Regenwetter-Joker schlechthin. Nichts bringt dich schneller durch einen dunklen Nachmittag als ein Trip ins Königreich des Köttbullar. Das Einrichtungshaus garantiert schier unendlichen Spaß in einer Umgebung, wo es nicht deine Ikea-Möbel sind, die zerkratzt werden. Das Sahnehäubchen: Hier sind reichlich Spielkameraden versammelt, da alle verzweifelten Eltern im Umkreis von 100 Kilometern an Regentagen zu den netten Schweden pilgern.

Bei den *Bällen*, also in der professionellen Kinderbetreuung, kannst du deine Brut unter drei leider noch nicht abgeben. Also bleibt nur der Rundgang durch die Kindermöbelabteilung, eine Art kostenloser Kindergarten. Hier lässt es sich aushalten. Während sich das Kind auf dem Drehsessel *Lömsk* langsam ins Nirwana rotiert oder auf der Wippe *Rusig* ein Schleudertrauma holt, kannst du dich gemütlich im Kinderhocker *Mammut* zurücklehnen und die vorbeiflanierenden Mütter abchecken.

Wenn das langweilig wird – oder dein kleiner Engel ein Ausstellungsstück zerstört hat –, ist es Zeit, auf Station zwei vorzurücken: die SB-Halle, von Kennern auch SB-Hölle genannt. Schnapp dir einen Wagen, lad das Kind drauf, und ab geht's. Während sich die anderen Papis mit kiloschweren Kartons ihren Hexenschuss fürs Wochenende abholen, rollerst du mit deinem »Ikea-Zug« (bei Kindern muss alles einen Namen haben) volles Rohr durch die Gänge.

Zum Abschluss lässt du noch einen Hotdog springen, und der Nachmittag ist rum. Alles in allem haben dir die Schweden drei Stunden entspannten Babydienst beschert – zum Preis von einem Euro. Entdecke die Möglichkeiten!

Jammerzwang

Sobald zwei oder mehr Mütter zusammensitzen, gilt das Motto der Boulevardpresse: Nur schlechte Nachrichten sind gute Nachrichten. Die Damen jammern drauflos, was das Zeug hält: Das Kind schreit, schläft nicht, isst zu wenig oder nur das Falsche, krümmt sich so komisch, hält den Kopf schief und so weiter und so fort. In diesem Rudel bist du nur akzeptiert, wenn du mitheulst. Deshalb solltest du schon am Abend vor der Krabbelgruppe dein Klagelied ausgearbeitet haben, ansonsten halt gefälligst die Klappe! Kleiner Geheimtipp, um Mütterherzen zu erobern: Das Geseiere der anderen einfach mit einem regelmäßigen »Ich weiß nicht, wie ihr das aushaltet!« quittieren.

Bei näherem Hinsehen entpuppen sich viele Geschichten natürlich als Gejammer auf hohem Niveau. Fragst du nach, kommt oft heraus, dass die ach so gestresste Mutter von einem Heer von Tagesmüttern, Aupair-Mädchen und Putzfrauen unterstützt wird und alles in allem 17 Minuten am Tag allein mit ihrem Kind verbringt. Auch wenn dich das fuchst, solltest du das Gejammer der Damen trotzdem unwidersprochen stehenlassen.

Ach ja: In kleiner Runde schalten Mütter gerne auch in eine Art von Meta-Klagelied um, so nach dem Motto: »Ich kann das Gejammer der anderen in der Krabbelgruppe *nicht mehr ertragen*!« Wie immer gilt auch hier: Wenn Katzen miteinander kämpfen, hält sich der kluge Hund raus.

Kampfhennen

Mutterglück ist gar nicht so verbreitet, wie oft angenommen wird. Manche Mütter machen sogar einen ziemlich unglücklichen Eindruck, so als hätten sie eine Art Dauer-PMS. Vor diesen Kampfhennen musst du dich in Acht nehmen.

Erkennen lassen sich die Miesepetras an einer klassischen Muttermarotte: Sie reden niemals direkt mit dir, sondern nutzen stattdessen ihre Kinder als Sprachrohr. Mit denen sprechen sie dann so laut, dass du es einfach hören musst. Auf diese Weise lassen sie dich wissen, was sie von dir denken.

Dieses Über-Familienbande-Spielen läuft zum Beispiel so ab: Es ist 10.30 Uhr, alle Kinder auf dem Spielplatz packen ihre Butterbrote und Dinkelstangen aus. Bis auf dein Kind: Das bekommt eine Milchschnitte, die du eben in der Trinkhalle gekauft hast. Alle Mütter gucken böse, vor allem die eine auf der Bank direkt neben dir – eine klassische Kampfhenne mit Kurzhaarfrisur und unlackierten Zehen, die aus der Trekkingsandale ragen. Zwischen ihr und ihrem Balg entspinnt sich folgende Unterhaltung:

KIND: Was hat das Kind da?

KAMPFHENNE: Das ist eine Süßigkeit, Finn.

KIND (auf der Dinkelstange kauend): Warum hat das Kind kein Brot?

KAMPFHENNE (laut): Weil sein Papa vielleicht heute Morgen keine Zeit hatte, eins zu schmieren.

Was die Mutter eigentlich sagen will, ist: *Du scheißfauler Rabenvater! Willst wohl, dass dein Kind Diabetes kriegt? Und überhaupt: Hast du Lusche kein Büro, in das du dich verziehen kannst, so wie mein Göttergatte? Das Schwein, verdrückt sich nächste Woche wieder vier Tage auf Dienstreise. Na warte – wenn der zurückkommt, bleibe ich das ganze Wochenende mit Kopfschmerzen im Bett. Dann kann der Herr auch mal schön um sechs Uhr aufstehen und Finn den Hintern abwischen.*

Na ja, und so weiter. Jedenfalls solltest du, wenn du die Möglichkeit hast, lieber mit → Sexy Mamas als mit Kampfhennen abhängen.

KAMPFMASCHINEN

»Mit jedem Schritt erkunden die kleinen Wesen ihre Welt«, leiern dir die Warmduscher aus ihren Babymemoiren entgegen. Die Wahrheit ist: Sobald das Kind laufen kann, marodiert ein kleiner Terminator durch dein Haus, der sich im Such-und-zerstör-Modus befindet. Wenn du etwas schnell pulverisiert haben willst, brauchst du es nur herumliegen zu lassen. Gerade Jungs unter drei sind ungeheuer geschickt darin, Dinge kaputtzumachen.

Dem solltest du vorbeugen: Alles, was dir auch nur ansatzweise am Herzen liegt, muss in einem abschließbaren Raum lagern, besser noch an einem anderen

Standort – denn spätestens mit zwei können die Biester auch noch Schlüssel rumdrehen.

Am Tisch solltest du Geschirr aus der → Grabschzone wegräumen. Alles andere kann in 1,20 Meter Höhe *zwischengelagert* werden. Achtung: Lagerhöhe an die Reichweite der Kids anpassen. Wenn das Kind anderthalb ist, werdet ihr euch vorkommen, als ob ihr wieder auf den Bäumen lebt.

KINDERARZT

Ein Mensch, der viel Geld dafür bekommt, in regelmäßigen Abständen zu sagen: »Sie brauchen sich keine Sorgen zu machen.« Genau dafür läuft man in 99 Prozent der Fälle nämlich in die Praxis. Aber Vorsicht: Es gibt auch Kinderärzte, die der → Besorgnisindustrie angehören und bei jeder Lappalie Alarm schlagen. In diesem Fall solltet ihr eine zweite Meinung einholen, die von einem Mann stammt, der bei TCM zuerst an Tchibo denkt und nicht an traditionelle Chinesische Medizin.

Die meisten Kinderärzte sind aber gottlob von der sorglosen Sorte. Selbst wenn euer Baby die letzten 89 Stunden durchgebrüllt hat, wird der Herr Doktor »Kein Grund zur Sorge« sagen – was aus seiner Sicht ja auch stimmt, weil er in einem babyfreien Haushalt fünf Kilometer von eurem entfernt wohnt. Weitere mäßig hilfreiche Kinderarzt-Klassiker aus der Rubrik *leicht gesagt* sind: »Messen Sie stündlich die Temperatur rektal« und »Lassen Sie das Baby einfach mal ohne Windel krabbeln«.

KINDERBÜCHER

Handreichungen, die ein hochpräzises Bild der deutschen Wirtschaft und Gesellschaft des Jahres 1962 zeichnen. Die Arbeitsbevölkerung in der Kinderliteratur teilt sich in etwa wie folgt auf:

24 % Bauarbeiter
24 % Landwirte
24 % Müllmänner
24 % Polizisten und Feuerwehrleute

Der Rest schafft in Ballettstudios und auf Ponyhöfen. Der Dienstleistungssektor, vom IT-Berater bis zum Pizzaboten, taucht in Kinderbüchern nicht auf, ebenso wenig wie Handys, Computer oder Mikrowellenöfen. Als einziges Zugeständnis an die Moderne haben die Autoren alle landwirtschaftlichen Betriebe seit einigen Jahren in Biobauernhöfe umgetauft. Konventionelle Landwirtschaft gibt es in Bilderbüchern nicht mehr.

Vor allem die deutschen Verfasser von Kinderliteratur haben sich von der Realität völlig entkoppelt und sind obendrein linkspädagogisch angehaucht. Einkaufsempfehlung daher: Titel aus Amerika oder dem europäischen Ausland beschaffen. Darin sehen die Mütter übrigens auch besser aus (→ Bilderbuchmütter).

Und noch ein Tipp: Vielleicht hast du schon gehört, dass Feiertage, Feste und Jahreszeiten wieder wichtiger werden, sobald man Kinder kriegt. Das ist richtig. Du wirst ganz bewusst das Wiedererwachen der Natur spüren, sobald du im Frühling die ersten Geschichten aus der *Osterhasenschule* vorträgst. Und dich mit einem warmen Kakao und der St.-Martins-Seite aus den *Kindergartengeschichten* einkuscheln, wenn draußen die ersten Herbststürme um deinen Block pfeifen.

Was dir wahrscheinlich keiner gesagt hat: Diese Feiertage sind ab sofort Dauerzustand. Weihnachten, Ostern und Sankt Martin feiern Kinder jeden Tag – zumindest wenn man sie die Bilderbücher aussuchen lässt. Dann kann es gut sein, dass du vorliest, wie *Ben und Lena* ihre Wunschzettel auf die Fensterbank legen, während draußen die Julisonne brennt und andere Eltern ins Freibad radeln. Oder du musst am vierten Advent zum 73. Mal *Conni und der Osterhase* abspulen. Um das zu verhindern, solltest du den Bücherschrank regelmäßig saisonal bereinigen.

KINDERFRAU

Zu Zeiten von Mary Poppins hieß sie noch Kindermädchen, heute spricht man von einer Kinderfrau. Und genau wie das Wort ist auch der Job gereift: Die moderne Babybetreuerin versteht sich keineswegs nur als Lückenbüßer. Sie sorgt für intellektuelle Stimulation, gerne auch zweisprachig, serviert ausgewogene Dinkelkost und erzieht nach den neuesten Erkenntnissen der Pädagogik. Sie hat Ökotrophologie und Kindermedizin summa cum laude abgeschlossen, ist Mitglied beim Intelligenzprotzverein Mensa und obendrein Personal-Trainerin für Baby-Yoga.

Und das Tollste: So eine Spitzenkraft ist nicht mal schwierig zu bekommen. Sie steht schon morgen vor eurer Tür – vorausgesetzt, ihr zahlt ein Jahresgehalt von 80 000 Euro.

Wie, das tut ihr nicht? Bei euch gibt's nur fünf Euro die Stunde? Dann bekommt ihr auch keine Super-Nanny, sondern eine, sagen wir mal, Normal-Nanny – wenn ihr Glück habt.

Umso wichtiger ist es, die Kinderfrau sorgfältig auszuwählen. Immerhin mangelt es nicht an Kandidatinnen: Sobald eure Stellenanzeige am Schwarzen Brett bei Edeka hängt, rufen reichlich Discountkräfte an – abgebrochene Studentinnen jeder Fachrichtung, Omas, deren eigene Kinder stur das Enkelmachen verweigern, philippinische Putzfrauen ohne Aufenthaltsgenehmigung.

Als erste Hürde solltest du dich fragen, welcher der Damen du deine DVD-Sammlung anvertrauen würdest. Danach wird keine Kandidatin mehr übrig sein. Also Plan B: Ihr ladet die einzige Kinderfrau, die der deutschen Sprache mächtig ist, zu euch nach Hause ein, und zwar zu einem Probenachmittag. Hier, an ihrem zukünftigen Arbeitsplatz, unterzieht ihr die Kandidatin einem rigorosen Einstellungstest. Lässt sie das Baby häufiger als einmal pro Stunde runterfallen? Drückt sie dem Kind beim Festhalten die Luft ab? Flößt sie ihm 95 Grad heiße Milch ein? Ihr solltet bei euren Ansprüchen keine Abstriche machen! 14 Probenachmittage später werdet ihr feststellen, dass die guten Kinderfrauen schon weg sind und keine Mary Poppins am Regenschirm zu euch runterschwebt. In der großen Kinderfrauen-Lotterie gibt es eben nur wenig Hauptgewinne und jede Menge Nieten. Und von denen werdet ihr eine ziehen. Aber keine Sorge: Solange das Kind gut mit eurer Wahl auskommt, könnt auch ihr das Thema abhaken.

Wenn ihr euch erst mal entschieden habt, heißt es Augen zu und durch – und zwar wortwörtlich. Denn wie so häufig im Elterndasein ist auch beim Thema Kinderfrau strategisches Weggucken angesagt. Versuche nicht, herauszufinden, was bei euch zu Hause läuft, während ihr Wellnessurlaub macht (also im Büro seid).

Wenn ihr trotzdem in eure eigenen vier Wände reinplatzt, während die Kinderfrau in Aktion ist, seid ihr selbst schuld. Denn dann kann es gut sein, dass sich ein Anblick wie dieser bietet: Euer Schatz sitzt, mitten im November, in einem klatschnassen T-Shirt neben dem offenen Fenster und spielt versonnen mit einigen Geschirrspüler-Tabs, während euch die Kinderfrau entgegenflötet: »Ist das nicht toll? Er/sie hat gerade zum ersten Mal selbst getrunken!«

KINDERGARCHIE

»Kinder an die Macht«, knödelte Herbert Grönemeyer 1986. Heute, als Vater, wird dir klar, was für ein unglaublicher Schwachsinn das war. Wären Kinder an der Macht, hätte sich die Menschheit längst in die Steinzeit zurückgebombt, nein, zurückgefoltert. Denn Kleinkinder gehören zu den grausamsten Lebewesen auf diesem Planeten. Täuschen, manipulieren, Intrigen spinnen – das beherrschen sie von Sekunde eins an perfekt (ist wissenschaftlich nachgewiesen). Und um eine Ausrede sind sie auch nie verlegen: Sobald die Monsterchen sprechen können, pfeffern sie dir bei jeder Gelegenheit den Satz »War doch keine Absicht« um die Ohren, weil sie wissen, dass du das unmöglich widerlegen kannst.

Kalkuliere also immer den Lecter-Faktor ein: Genau wie bei Hannibal dem Kannibalen muss man bei Kindern mit dem Schlimmsten rechnen. Hat das Baby einen zwei Kilo schweren Stein aufgehoben und wankt damit auf seine Kameraden zu? Sofort dazwischengehen! Sind tütenartige Gegenstände, 20 Zentimeter tiefes Wasser oder Scheren im Spiel? Dann heißt es aufpassen wie ein Schießhund.

Überhaupt werden Kinder heutzutage in der Öffentlichkeit ständig verklärt. Man hat geradezu das Gefühl, Herbie hätte seinen Willen gekriegt und die Kleinen würden uns tatsächlich regieren, und zu Recht, denn sie sind halt durch und durch gut. In den Balsamico-Bezirken unseres Landes herrscht längst eine Art von Kindergarchie. Ganz gleich, was die Gören tun – es ist immer toll, sie haben immer recht und sind einfach ganz wunderbar. Jeder Mann wird heutzutage zum Onkel degradiert und jede Frau zur Tante. Und wehe, sie blasen den Kleinen keinen Zucker in den Hintern – dann gibt's verbale Senge von den → Horroreltern.

Damit muss Schluss sein! Es ist höchste Zeit, dass jemand mal die Dinge beim Namen nennt und mit dieser Schönrederei aufhört. Hallo? Dein Kind ist nicht »anspruchsvoll«, sondern eine Nervensäge. Es hat keine »besonderen Bedürfnisse«, sondern ist völlig verzogen und geht dem Rest der Menschheit mit seinem Gezicke total auf den Zeiger. Es ist nicht »offen«, sondern zupft jedem Wildfremden gleich am Schritt rum. Und »interessiert«? Das bedeutet nichts anderes, als dass dein Balg in fremden Kinderzimmern schlimmer wütet als Attila der Hunne.

Aber zurück zu den Kindern an der Macht: Der einzige Posten, den man mit ihnen besetzen könnte, ist der des Pressesprechers. Kleinkinder sind nämlich die reinsten Public-Relations-Genies: Sobald sich Großeltern, Tanten oder Onkels auch nur nähern, wischen sie sich den Schaum vom letzten Hysterieanfall aus dem Mundwinkel, knipsen ihr Sonnenscheinlächeln an und ziehen sich für eine Runde Sudoku still in ihr Zimmer zurück, oder so ähnlich. Diese oscarreifen Auftritte verfehlen nicht ihre Wirkung. Wann immer du dich bei Dritten über deine Brut beklagst, wirst du nur einen Satz hören: »Ich weiß gar nicht, was du hast …«

KINDERGARTEN

Eine wunderbare Einrichtung, die dir einen halben Tag Freizeit beschert. Zwei Hinweise: 1) Versuche niemals, rauszufinden, was im Kindergarten passiert. Dort gelten anscheinend die gleichen Regeln wie im »Fight Club«. Keines der Mitglieder darf außerhalb des Kindergartens darüber sprechen, was hier abläuft. 2) In die andere Richtung fließen die Infos dagegen mühelos.

Du kannst davon ausgehen, dass alles, wirklich alles, was ihr zu Hause macht oder redet, brühwarm der Kindergärtnerin erzählt wird. Mit der Folge, dass die Erzieherinnen schon nach einer Woche Kindergarten mehr über deine Familie wissen als du. Weil die lieben Kleinen alles ausplaudern. »An Weihnachten hat Papa Mama Unterwäsche geschenkt, und die hat sie direkt angezogen« zum Beispiel.

Solche Berichte gehören dabei noch zur harmloseren Sorte. Dass du ständig mit den Kleinen zu McDonald's rennst, wird ebenso gepetzt wie Mamas geheimes Tortenrezept: Während die anderen Kinder mit »Eiern« und »Milch« im Sandkasten Kuchen backen, murmelt dein Kind beim Füllen der Förmchen: »Schnaps … und ein bisschen Backmischung.«

Die schöne freie Zeit am Vormittag will leider hart verdient sein. Einfach das Kind eines Morgens beim Kindergarten abladen – das gibt es nicht. Der Weg in die integrative Kindertagesstätte, wie es heute heißt, ist lang und steinig. Er führt über diverse Vorgespräche und Vor-Vorgespräche, Anmeldungen sowie Einkommens- und Gesinnungsprüfungen.

Doch das Schlimmste ist, dass du noch eine Gebrauchsanleitung lesen musst. Sobald ihr den Zuschlag bekommt, flattert nämlich ein seitenlanges, bedrohlich aussehendes Pamphlet ins Haus. Es ist in dieser total putzigen Windows-Schriftart Comic Sans gesetzt und auf Recyclingpapier ausgedruckt. In diesem sogenannten Eltern-ABC legt euch die Kindergartenleitung ihr ausgefeiltes pädagogisches Konzept dar. Und Junge, es ist verdammt ausgefeilt: Wenn du dachtest, schaukeln sei einfach nur schaukeln, wirst du im Eltern-ABC eines Besseren belehrt. Es handelt sich um »vestibuläre Stimulation«. Genau wie hinter jedem Doktorspiel eine »Suche nach der Geschlechtsidentität« steckt, die natürlich total in Ordnung ist, du. Das Erklimmen eines Hügels wird zur »alpinen Urerfahrung« hochstilisiert, die die »Konfliktfähigkeit und emotionale Belastbarkeit« steigert. Zu diesem Zeitpunkt ahnen die Damen des Etablissements gottlob noch nicht, wie sehr deine Brut demnächst ihre emotionale Belastbarkeit auf die Probe stellen wird.

Was die Lektüre des Eltern-ABC völlig unerträglich macht, ist der ganze Ey-du-Jargon: Hier wird jede nur erdenkliche Ökofloskel abgespult, von der »Hilfe zur Selbsthilfe« über den Weg, der selbstverständlich das Ziel ist, bis hin zu jener Alliteration, ohne die kein Kirchentag auskommt – dem »menschlichen Miteinander«. Ach ja, und Plastikgeschirr gibt es im Kindergarten natürlich auch nicht.

Alles in allem besteht jedoch kein Grund, in Ehrfurcht zu erstarren oder das Eltern-Abc wirklich durchzulesen. Das ganze Pamphlet ist nämlich nichts als pädagogisches Posing. Im Endeffekt sitzen die Kinder im Kreis und singen »Wer hat die Kokosnuss geklaut?«.

Deshalb geht es auch völlig in Ordnung, wenn du Elternabende schwänzt oder mit der gebotenen Passivität aussitzt. Nur vor einem Fettnäpfchen musst du dich hüten: Weihe die Erzieherinnen niemals in deine wahren Erziehungsziele (vier Stunden Freizeit am Vormittag) ein.

KINDERGEBURTSTAG

»Und? Welches Motto?« Diese Frage wird dir entgegenschallen, sobald du unter Müttern oder Herdmännchen einen Kindergeburtstag ankündigst. Komm ja nicht auf die Idee, als Antwort irgendwas von Kerzen ausblasen, Schokokuchen oder Topfschlagen zu faseln. Du würdest dich bis auf die Knochen blamieren! Denn ein Kindergeburtstag ist heutzutage ein *Event*. Und der wird so minutiös geplant wie die Eröffnungsfeier der Olympischen Spiele. Da muss man vorher André Heller konsultieren – mindestens.

Die Feier steht und fällt wie gesagt mit dem Motto: Eltern von Mädchen laden ins Prinzessinnenschloss ein, Erzeuger von Jungs ins Piratenschiff oder die Ritterburg. Alles wird bis ins letzte Detail auf dieses Motto hin ausgerichtet.

Das fängt schon bei der Einladung an: Auserwählte Prinzessinnen etwa erhalten per Post eine rosa Karte mit kleiner Krone und Glitzerstaub drauf. Wenn sie die Party betreten, werden sie zunächst aus einer Mottokiste (Tagesmiete: 30 Euro) komplett neu eingekleidet und ins Wohnzimmer geleitet, das Papa am Vorabend des Events natürlich komplett rosa gestrichen hat. Ein eigens bestellter Historiker hat übrigens die geschichtliche Authentizität des Sissi-Szenarios bescheinigt.

Okay, das ist übertrieben, aber nur leicht. Denn ohne Dienstleister kommt heute kaum noch ein Kindergeburtstag aus, von der professionellen Schminkerin (Make-up-Artist) über den Zauberer bis zum Clown. Dass Kinder unter drei genauso viel Spaß mit einem leeren Umzugskarton haben, wissen moderne Eltern anscheinend nicht.

Lustig ist, dass du indirekt von diesem Wahnsinn profitierst. Denn vor lauter Eventisierung kennen die meisten Kinder die Klassiker nicht mehr. Und das bedeutet, dass du mit deinem Discountprogramm – Würstchenschnappen, Schokokuss-Essen und Wattepusten – richtig abräumen wirst.

Ansonsten solltest du einige Grundregeln beherzigen: Nicht mehr Kinder einladen, als Kerzen auf der Torte stehen, Süßwaren und Pommes in rauhen Mengen bereithalten, niemals kleine Gäste ohne elterliche Begleitung reinlassen. Wenn irgendwas passiert, hetzen dir diese Betreuungsschnorrer nämlich ihren Anwalt auf den Hals.

KINDERKOLLER

Irgendwann während deines Babydienstes wird der Moment kommen, in dem du glaubst, gleich auszurasten. Vielleicht ist es nach drei Monaten so weit oder auch schon nach drei Minuten. Jedenfalls wirst du das Gefühl haben, dein Kopf platzt, wenn der Balg nur noch eine Sekunde länger nölend an deinem Hosenbein hängt oder ein Molekül Tomatensoße an dir abschmiert.

Dann ist es höchste Zeit, dich mal kurz auszuklinken – zum Wohl aller Beteiligten. Mach zum Beispiel einen Joyride: Such dir eine Autobahn ohne Tempolimit, kurbel alle Fenster runter, leg »The Boys of Summer« von den Ataris ein, »Loose Yourself« von Eminem oder was auch immer. Reiß die Anlage bis zum Anschlag auf und teste den roten Drehzahlbereich. Fahr zur Burgerbude oder zum Supermarkt – auf diese Weise kannst du nebenher sogar noch → Elternmeilen kassieren.

Andere bewährte Rückzugsräume sind Fitness-Studio, Wald oder Berg. Hier kannst du deinen Testosteronspeicher wieder aufladen. Und das ist auch dringend notwendig, denn du wirst merken, dass Kinderbetreuung auf Dauer impotent macht (vor allem der andauernde Schlafentzug). Deine Lady wird es, wenn sie klug ist, verstehen.

Aber vergiss nicht, von deiner Auszeit zurückzukommen. Du hast es dir schließlich so ausgesucht.

KINDERKRANKHEITEN

Kinder fühlen sich unpässlich, und zwar oft. In den ersten paar Monaten werdet ihr deshalb ständig zum → Kinderarzt rennen. Und der wird tun, was er in den meisten Fällen tut, nämlich sagen, dass ihr euch keine Sorgen machen müsst. Ach ja, und dass ihr in drei Tagen noch mal vorbeikommen sollt. Was ihr nicht tut, weil das Kind dann wieder gesund ist.

Nach dem fünften dieser Trips habt ihr spitzgekriegt, wie man Krankheiten in dem Alter kuriert – nämlich durch Abwarten.

Ob dem Kind wirklich was fehlt, lässt sich oft schon ohne Arzt mit einem klaren Blick plus ein bisschen Menschenverstand herausfinden: Sieht das Baby blass aus und wirkt teilnahmslos (auch wenn es nicht gerade vor dem Fernseher sitzt)? Dann solltet ihr drei Tage warten und noch mal zum Kinderarzt gehen. Oder sind die Backen rot und der Appetit gut? In diesem Fall könnt ihr alle weiteren Krankheitsanzeichen ignorieren.

Hier einige Behandlungstipps ohne Gewähr:

- Schnupfen – Therapie: abwarten. Man kann nichts gegen die Erkältung tun, mit einer Ausnahme: Im Drogeriemarkt gibt es einen Schlauch zu kaufen, mit dem sich die Rotze absaugen lässt.
- Grippetherapie: Zäpfchen geben, und zwar sofort. Medikamente sparsam einzusetzen ist eine Ökoflause und zahlt sich nicht aus (→ Dosierpanik). Wenn das Fieber hoch bleibt, zum Arzt gehen.
- Durchfall – Therapie: keine. Abwarten. Kann auch zwei Wochen dauern. Kein Problem, wenn das Kind weiter genug trinkt und kein hohes Fieber hat.
- Beulen/Schürfwunden – Grundregel: Wenn es nicht blutet, ist es nicht schlimm. Ausnahme: Gehirnerschütterung. Offene Wunden müssen genäht oder geklebt werden.

KINDERSICHERUNG

Die gute Nachricht: Du kannst weiter mit deinen Bauhaus-Möbeln, der Skalpellsammlung und dem Piranhabecken wohnen. Vorausgesetzt, du bist bereit, dich in den nächsten fünf Jahren nicht weiter als zehn Zentimeter vom Nachwuchs zu entfernen. Ohne Quatsch:

Ein 18 Monate altes Kind bewegt sich in zwei Sekunden locker zwei Meter weit. Zudem sind die kleinen Monster ungeschlagen darin, den Punkt des maximalen Unfalls anzusteuern, also zum Beispiel die offene Vitrine mit Meißner Porzellan. Besondere Anziehungskraft üben auch Steckdosen auf Babys aus; die Kleinen sind geradezu laufende Leitungsprüfer. Wenn du wissen willst, wo in deinem Haus stromführende Kabel verlegt sind, brauchst du nur das Baby loskrabbeln zu lassen.

Solltest du also vorhaben, deinen Puls unter 180 zu halten, wirst du an ein paar Kindersicherungen nicht vorbeikommen. Es muss ja nicht gleich die Gummizelle sein. Also: Steckdosen sichern, Messer/Vasen/Scheren/kleine Gegenstände wegräumen, Treppen absperren, scharfkantige Möbel polstern. Wenn du darauf keinen Bock hast, hilft auch schon eine Art grüne Zone, etwa ein leergeräumtes Zimmer. Hier kannst du die kleinen → Kampfmaschinen mal *kurz* parken. Und nein: Davon wird kein Kind zum Bettnässer oder Massenmörder.

KLEIDUNG

Anders als oft angenommen kann man auch als Vater oder Mutter cool und gepflegt aussehen – selbst im Alltag. Voraussetzung: Man versteht Kleidung ab sofort nur noch als Verbrauchsgut, in etwa wie Toilettenpapier. Denn ihre Funktion wird ähnlich sein.

Kinder spielen im Dreck, essen Spaghettisoße und Erdbeereis. Danach drehen sie sich um und wischen genüsslich alles an dir ab. Und da du als Vater nach jeder Art von Zuwendung lechzt (→ Bezugsperson), wirst du es genießen, wenn dir der kleine Fleckenteufel mit all seiner Bolognesesoße um den Hals fällt.

Dein neues Hemd sieht folglich nach zehn Minuten Tragen aus wie die Stofffetzen in der Waschmittelreklame, so à la »Wir haben dieses Hemd mit den drei hartnäckigsten Flecken verschmutzt, die es gibt: Blut, Kakao, Tomatensoße«.

Klar lässt sich das verhindern. Aber dann schiebst du rund um die Uhr Fleckenpanik und der Kinderdienst verlängert sich um gefühlte zwölf Stunden.

Fazit: Klamotten bei H&M, KiK oder anderen Billigketten kaufen – und sich schon beim ersten Anziehen gefühlsmäßig davon verabschieden.

KOMMUNIKATION

Vergiss E-Mail, Instant Messaging oder Xing. Hausfrauen – und zu denen gehörst du als Herdmännchen automatisch auch – kommunizieren per SMS. Aus verständlichen Gründen: Man hat das Handy auf dem

Spielplatz dabei, und vor allem erwartet niemand auf eine Kurznachricht sofort eine Antwort. Denn direkte Kommunikation ist mit anwesenden Kindern nicht möglich.

Probier's aus: Ruf um 16 Uhr mal eine Mutter an. Das wird ungefähr so laufen:

Siebenmal klingeln. Jemand nimmt ab. Aus dem Hörer gellen Schreie, als ob man in einem Schützengraben anruft.

DU: »Hallo?«
SIE (gehetzt): »Ach, hi. Wie geht's?«
DU: »Gut. Ich wollte nur mal fragen, wie …«
SIE: »Nein, Luis!«
Kreischen in der Muschel.
SIE: »Sorry. Der Luis. Du weißt ja. Und, was gibt's?«
DU: »Ja, wegen heute Nachmittag, geht ihr …«
SIE: »Luis. Verdammt noch mal!«
Kurze Stille.
SIE: »Bin wieder da.«
DU: »Also geht ihr auf den Spielplatz?«
SIE (träller): »Ja, gute Idee!«
Wieder Pause. Dann bricht der Sturm los.
SIE: »Luis, *nicht an den Videorekorder gehen*! Okay, jetzt reicht's!«
Keuchender Atem, Todesschreie, Türenknallen. Plötzlich ist das Kreischen nur noch dumpf zu hören.

SIE (außer Atem): »So, ja, Spielplatz.«

Das Crescendo aus dem Off steigert sich ins Unermessliche. Dumpfe Schläge.

SIE: »Nicht, Luis! N*icht die Glastür*!«

Du musst den Hörer ein Stück vom Ohr weghalten.

SIE (den Tränen nahe): »Weißt du was? Ruf doch heute Abend noch mal an …«

DU: »Kein Thema, so gegen neun?«

SIE: »Lieber um acht, sonst liegen wir schon im Bett.«

Damit es dir nicht ähnlich ergeht, solltest du für den Fall, dass jemand bei dir anruft, immer einen Riegel Kinderschokolade griffbereit haben. Damit lässt sich circa eine Minute ungestörte Sprechzeit erkaufen.

KRANKHEITS-PINGPONG

Erst wird das Kind krank, dann du, dann die Mutter. Und alles wieder von vorne. Vor allem im ersten Lebensjahr tritt dieses muntere Wechselspiel häufig in Erscheinung oder auch nach dem ersten Tag im Kindergarten, wenn alle der Menschheit bekannten Keime die Reise in euren Haushalt antreten.

Laufstall

Ein nach oben offener Holzkäfig, den ihr kauft, wenn das Kind seine ersten Schritte macht. Das Holz der Sprossen ist so hell wie eure Panik, und der Boden besteht aus Spanplatten, die äußerst klapprig aussehen.

Aber das ist ohne Bedeutung, denn kein Babyfuß wird je den Boden länger als zehn Sekunden berühren. Danach schreit euer Kind nämlich so laut, dass ihr Angst kriegt, jede Sekunde steht das Jugendamt vor der Tür.

Wenn euer Kind zwei wird, versteigert ihr das Ding im Internet. Nach rund einer Woche fährt dann ein ausgezehrter Jungvater mit seinem Kombi vor, lädt den Laufstall ein und bringt ihn in einen anderen Haushalt, wo fortan ein anderes Kind drum herumläuft.

Lob

Kinder sind wie Leserbriefschreiber: Die melden sich nur, wenn ihnen was nicht passt. Sonst nicht. Lob findet nicht statt. Selbst nicht nach dem besten Tag im Zoo, während des Besuchs im Freizeitpark oder am Weihnachtsabend.

Marketing

Kinder sind die perfekte Zielgruppe. Sie fallen auf den letzten Mist rein, solange das Marketing stimmt. Selbst die lahmste Aktion kannst du ihnen noch als Kracher verkaufen. Du willst, dass sie baden? Kipp eine Dose Lego-Duplo-Steine in die Wanne und nenne es »Lego-Seeschlacht«. Zack, schon sitzt das Blag drin. Als weitere preiswerte Aktion hat sich die »Laken-Lokomotive« bewährt: Kind auf ein Bettlaken setzen und durch alle Räume ziehen, mit regelmäßigen Stopps entlang des Wegs – vor allem mit mehreren Passagieren ein Riesenspaß, der für dich allerdings schweißtreibend werden kann.

Ein wahres Verkaufsgenie bist du, wenn es dir gelingt, an einem Sommertag das »Geheimmalen« ans Kind zu bringen. Was mysteriös klingt, ist in Wirklichkeit total simpel: Ihr malt mit einem Wandpinsel und reinem Wasser irgendeine Krakelei auf den Bürgersteig – und schaut zu, wie die Sonne alles trocknet und die Bilder wieder verschwinden.

Aber Vorsicht: Du solltest den Bogen beim Marketing nicht überspannen. Je älter es wird, desto eher durchschaut das Kind deine Verkaufstricks. Dann müssen die Aktionen nicht nur gute Namen haben, sondern auch wirklich gut sein. Also teuer.

MODELL WIRTSCHAFTSWUNDER

Was müssen das für herrliche Zeiten gewesen sein für Väter in den 1950er Jahren: Den Kreißsaal sah man von außen, die Kneipe von innen, und zwar ab der Geburt jeden Abend. Seine Kinder lernte das Familienoberhaupt erst kennen, wenn sie in der Lage waren, ihm ein Bierchen zum Fernsehsofa zu bringen. Erziehung bedeutete, ab und zu einen Hinterkopf zu tätscheln. Kurzum: Die Vaterrolle war noch eine Nebenrolle.

Es soll ja tatsächlich irgendwo in Deutschland immer noch Männer geben, die das Modell Wirtschaftswunder durchziehen dürfen. Versäumen die nicht was?

Nicht unbedingt: Auch du wirst nach wenigen Tagen vollem Babydienst feststellen, dass man auch zu viel Zeit mit seinem Kind verbringen kann und dass die Anwesenheit des Vaters generell überschätzt wird. Nehmen wir zum Beispiel einen anderthalbjährigen Jungen. Dessen Vorstellung von Spaß ist es, einen Autoschlüssel 120-mal hintereinander ins Zündschloss deines Schätzchens (→ Auto) zu stecken. Und als Zu-Hause-bleib-Papa musst du diesem neurotischen Schlüsselerlebnis volle 47 Minuten zugucken. Das ist ungefähr so interessant, wie Farbe beim Trocknen zu beobachten. Nur die schwersten Selbstbetrüger können sich einreden, während dieser quälend langen Minuten etwas für die Vater-Sohn-Beziehung getan zu haben.

Fazit: Um diese fremden kleinen Menschen kennenzulernen, die seit neuestem in deiner Wohnung hausen, reicht es im Zweifel auch, einen Tag am Wochenende zu opfern – wenn du den Babydienst in dieser Zeit wirklich ernst nimmst. Merke: Vatersein gehört zu den wenigen Dingen im Leben, bei denen die alte Mutterweisheit »Viel hilft nicht immer viel« tatsächlich stimmt.

MUTTER

Das gefährlichste Tier auf diesem Planeten. Während der Geburt findet nämlich oft eine radikale Verwandlung statt: Direkt nach Kind und Mutterkuchen geht auch die Souveränität ab. Nur so lässt sich erklären, dass die ehemals knallharte Businessfrau auf dem Spielplatz plötzlich über geklaute Eimerchen in Rage gerät oder alle Frauen aus der Krabbelgruppe rausmobbt, die – wie oberflächlich! – was gegen ihren Schwangerschaftsspeck getan haben. Es ist traurig mitanzusehen, wie vielen Müttern jede Perspektive verlorengeht: Ob Janis jetzt der Emily den Sonnenhut weggenommen hat, wird so ernsthaft ausdiskutiert, als befinde man sich vor der UNO. Früher blitzgescheite Ladys wollen mit dir nicht mehr über Sloterdijk reden, sondern über den Stuhlgang ihres Nachwuchses. Selbstironie oder gesunde Distanz wirst du unter Müttern nur selten antreffen.

(NACH-)LÄSSIGKEIT

Auch bei der Vaterrolle ist Image alles. Wer willst du sein? Der stets atmungsaktiv gekleidete und total perfekte Superpapi? Oder der charmante Bohemien, der aussieht, als sei die Sache mit dem Kind nicht so ganz geplant gewesen, und auf dem Spielplatz immer ein bisschen fehl am Platze wirkt? Eben. Sieh die Sache nicht so verbissen. Perfektion überlässt du den anderen oder deiner Lady. Wenn du mit den Kids rausgehst, passen die Socken nicht und die Klamotten haben Flecken. Na und?

NAHRUNGSKETTE

Ab sofort zählt nur noch, ob der kleine Hosenscheißer gegessen hat. Und damit bist nicht du gemeint. Deine Position in der Nahrungskette verschlechtert sich mit der Geburt des Kindes dramatisch: Du fällst auf den letzten Platz zurück. Ab sofort gilt: Erst wird das Baby verpflegt, dann die Mutter und – wenn du Glück hast – irgendwann du. Das bedeutet, es gibt jeden Tag das gleiche Gericht: *Was gerade da ist.*

Um nicht abzumagern, musst du die Essensversorgung in die eigene Hand nehmen. Lege dir einen Vorrat von Mikrowellengerichten, Müsliriegeln und Dosensuppen an. Ausnahmsweise darfst du auch Kontakt zu einer Doppelnamenfamilie aufnehmen – den Sonnen-Bassermanns. Diese Fertigsuppen-Sippe bringt dich sicher durch die → Dinkeljahre. Achtung: Komm ja nicht auf die Idee, die Reste vom Kinderessen zu verspeisen. Das ist der sichere Weg, auch als Mann Schwangerschaftsspeck draufzukriegen.

Omanizer

Großmütter fahren auf kleine Jungs ab, und zwar mehr als auf Howard Carpendale. Das solltet ihr unbedingt ausnutzen. Wenn ihr den Scheitel mit ein bisschen Gel verstärkt und den kleinen Beau in ein hellblaues Hemd steckt, werden die Omas so heiß aufs Betreuen, dass sie fast bereit sind, *euch* für eine Stunde mit den lieben Kleinen was zu zahlen.

Pekip

Prager Eltern-Kind-Programm. Bewegungstraining für Babys, bei dem sie nackt herumkrabbeln dürfen. Auch bekannt als Virenbörse. Du sitzt in einem Raum, der auf 35 Grad geheizt ist, wischst Urin von Sportmatten ab und fragst den Elternteil mit dem Schwamm neben dir: »Ist das noch von *uns*?«

Das Problem: Die Kleinen lieben PEKiP. Ob du hingehst, hängt davon ab, wie viele Frauen mit Doppelnamen du in einem Raum ertragen kannst. Denn davon gibt es beim Baby-FKK reichlich.

PRINZIP SAUERSTOFFMASKE

»Bei einem Druckabfall fallen Sauerstoffmasken aus der Decke. Ziehen Sie die Maske über Mund und Nase, versorgen Sie danach mitreisende Kinder.« Dieser Satz ist fester Bestandteil des Sicherheitsballetts vor jedem Flugzeugstart. Er gehört einfach dazu, genau wie der Tipp, danach »normal weiterzuatmen« – so normal, wie das eben geht, wenn man in einer Aluminiumröhre sitzt, die mit 1000 km/h auf den Boden zurast.

Aber zurück zum Hinweis mit der Sauerstoffmaske: Erst ich, dann der Nachwuchs? Ist das nicht ein bisschen egoistisch? Nein, denn was erst mal herzlos klingt, macht durchaus Sinn: Angenommen, die Eltern würden sich nicht an die Anweisung halten und tatsächlich zuerst den Nachwuchs versorgen, ginge das für alle Beteiligten unschön aus.

Warum? Ganz klar, weil die Sauerstoffmasken total langweilig sind und weder von Hello Kitty noch von Bob dem Baumeister lizenziert wurden. Deshalb wird das Kind sich weigern, sie aufzusetzen, und die Eltern sind dazu verdammt, ihren letzten Atemzug darauf zu verwenden, Gummibärchen nach der Landung zu versprechen.

Gegen solche vermeidbaren Opfer hilft das Prinzip Sauerstoffmaske: Manchmal müssen Eltern eben zuerst an sich denken.

Angenommen zum Beispiel, du schlägst die → Unhappy Hour mit einem gemeinsamen Schaumbad tot. Dann solltest du danach immer als Erster aus der Wanne steigen und dich abtrocknen. Hievst du das Kind dagegen zuerst raus, musst du den folgenden halbstündigen Kampf gegen Abtrocknen, Kämmen und Fönen halbnackt und klatschnass ausfechten. Am Ende wirst du krank und kannst keinen Babydienst mehr schieben. Was ist dadurch gewonnen?

Und nein, die Erkältung beschert dir keine entspannte Freizeit: Denn in einem Haushalt mit Kind krank zu sein bedeutet, sich mit 40 Grad Fieber selbst eine Tütensuppe aufzugießen; die Brutpflege lässt der Lady keine Zeit, sich um dich zu kümmern, selbst wenn du aus den Augen blutest.

Quengel-Domino

Schlechte Laune unter Kindern ist so ansteckend wie Gähnen oder Ebola. Erst nölt das Baby, weil es die Strumpfhose nicht angezogen haben möchte, dann stimmt das große Geschwisterchen ein, weil es alles, was nicht zu 100 Prozent aus Schokolade besteht, aus dem Schokomüsli rauspopeln will. Dieses Gequengel kann sich im Laufe eines Nachmittags so weit hochschaukeln, dass sich die Monster um sechs gegenseitig Stühle über den Kopf ziehen.

Deshalb musst du schnell handeln! Je früher du das Quengel-Domino unterbrichst, desto besser. Droht die Luft allzu dick zu werden, ist es Zeit, einen neutralen Dritten an Bord zu holen. Lade zum Beispiel ein gutgelauntes – und wenn möglich älteres – Nachbarskind ein. Es wird in Sekunden wieder Sonnenschein in euer Heim bringen. Aber Vorsicht: Die schlechte Laune ist nicht verflogen, sondern nur aufgestaut! Sobald der kleine Mediator das Haus verlässt, bricht der Quengelsturm erst richtig aus. Bereite also rechtzeitig ein weiteres Ablenkungsprogramm vor, etwa, indem du schon mal Wasser in die Badewanne einlässt oder so.

Revierverhalten

Mütter sind schizophren: Einerseits verlangen sie, dass der Mann mehr bei der Brutpflege mithilft. Andererseits sind sie total beleidigt, wenn er genau das tut. Dafür muss er nämlich in ihr Revier einbrechen, und das schmeckt den Müttern gar nicht.

Im Grunde genommen sind die Ladys eben doch lieber unter sich. Zum Beispiel auf dem Spielplatz. Hier akzeptieren Mütter nur einen Typus Mann: den total überforderten Tollpatsch-Daddy, der schon bei einer vollen Windel ins Schwitzen kommt. Trittst du dagegen souverän auf und hast die Brut locker – womöglich lockerer als die Frauen – im Griff, erntest du reichlich feindselige Blicke von der Östrogen-Fraktion. Eben weil du die Reviergrenze überschritten hast. Jetzt fühlen sich die Mütter beobachtet und fürchten, dass du sie auffliegen lässt. Etwa wenn du Sätze mithörst wie: »Nachher putze ich noch zehn Minuten, damit ich heute Abend stöhnen kann, wie viel zu tun war.«

Frauen reagieren auf die männliche Konkurrenz, wie sie das bei jeder Art von Konkurrenz tun: Sie zerreißen sich hinter vorgehaltener Hand das Maul. »Hast du gesehen! Er hat die Kinder erst nach zwei Minuten mit Sonnencreme eingeschmiert!« – »Grob fahrlässig!« – »Wenn das die Mutter sehen würde!«

Die zweite Eskalationsstufe ist, dass die verletzten Glucken deine Partnerin verunsichern: »Sag mal, ich habe den … mit den Kindern auf dem Spielplatz gesehen. Ich will ja nichts sagen, aber bist du dir sicher, dass …«

Einfach ignorieren.

RITUALE

Jeder RTL-Zuschauer weiß mittlerweile, dass Kinder Rituale brauchen – Fixpunkte am Tag, Traditionen, feste Abläufe. Das stellt dich vor ein Problem: Wenn du das beherzigst, verwandeln dich die Rituale in kürzester Zeit in Ned Flanders aus den »Simpsons«. Plötzlich sitzt ihr bei McDonald's, reicht euch vor dem Essen die Hände und sagt laut »Guten Appetit-tiet-tiet«, wobei ihr euch bei jedem »tiet« die Hände schüttelt.

Um solche beklemmenden Situationen zu verhindern, solltest du es von Anfang an zu einem Ritual machen, auf Rituale außerhalb des Hauses zu verzichten.

ROBO-DAD

In ihn verwandelst du dich, wenn du zu viele Ratgeberbücher liest. Da steht nämlich eine Menge von Regeln, Ritualen und Reden in Augenhöhe drin. Selbst wenn der ein oder andere Aufruf zum konsequenten Erziehen sinnvoll sein mag – du solltest es mit der Strenge nicht übertreiben. Ansonsten wachst du eines Morgens auf und bist ein Roboter – ein Robo-Dad, der nur noch seinen in Stein gemeißelten Tagesplan durchziehen will und jeden noch so kleinen Verstoß gegen die heiligen Erziehungsdirektiven mit Zimmerverweisen ahndet.

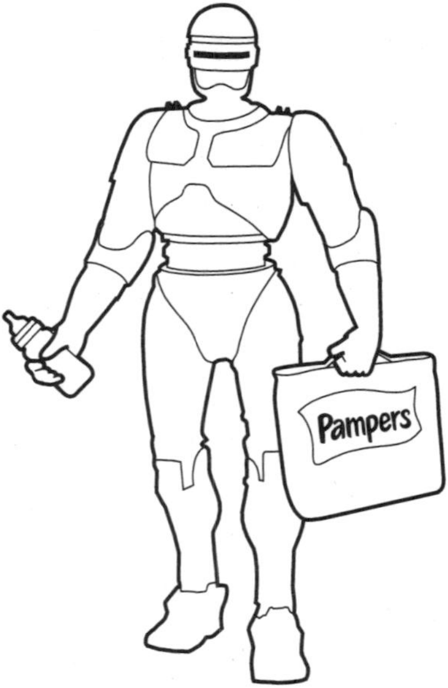

Robo-Dad: Kinder brauchen Regeln – und du brauchst auch mal deine Ruhe. Um nicht zum freudlosen Serviceroboter zu mutieren, solltest du es ab und zu mit dem Motto eines bekannten Cyborgs halten: »Für ihn sind Gesetze nur Altpapier.«

Dagegen hilft – wie fast immer – nur eine große Portion Nachlässigkeit. Wenn du nicht als freudloser Aufpasser und Dienstleister enden willst, solltest du die Regeln auch mal vergessen. Praktiziere → Sicht-Erziehung und mach dir das Leben einfach (→ Vorbilder). Sei konsequent inkonsequent.

Säuglingspflege

Mutter Natur ist nicht doof. Sie hat das Fortpflanzen so designt, dass es jeder Idiot hinkriegt, selbst Leute, die an Sternzeichen glauben. Babys brauchen Essen, Wärme und Liebe. Sie sind also in etwa wie ein Hamster, nur ein bisschen weniger intelligent. Sich um ein Baby zu kümmern ist ein Klacks – vorausgesetzt, dass du währenddessen nichts anderes vorhast.

SAFETY CAR

Wenn es in der Formel 1 kracht, Reifen- oder Fahrerteile die Fahrbahn verschmutzen und die Emotionen hochkochen, fährt das Safety Car raus. Hinter diesem normalen Auto müssen die Tempofreaks ein paar Runden herzuckeln, bis sich alle wieder beruhigt haben und das Rennen geordnet weitergehen kann.

Genau so eine Safety-Car-Phase brauchen Kinder ab und zu auch. Wenn die kleinen Hirne mal wieder durchzubrennen drohen, wirkt ein kurzer Boxenstopp an der Tankstelle oder eine Strafrunde um den Block mit der Brut auf dem Rücksitz wahre Wunder. Dabei können die Springteufel ein bisschen rausschauen und sich entspannen, während du in Ruhe die Nachrichten hörst. Plus: Ein Kind in der Babyschale festzuschnallen ist die einzig legale Art, das zu tun, was du am liebsten den Großteil des Tages tun würdest: das Kind fesseln. Deine geniale Idee, in jedem Zimmer des Hauses einen Kindersitz aufzustellen, solltest du aber lieber für dich behalten.

Schaden tun diese kurzen Ausfahrten niemandem. Übertreiben solltest du es mit den Beruhigungsfahrten aber auch nicht, weil die Energie der kleinen Monster dabei nicht abgebaut, sondern nur gespeichert wird. Sobald das Sicherheitsauto wieder anhält, gehen die Unfälle daheim erst richtig los.

SCHLAF

Die gute Nachricht: Nach ungefähr zwölf Wochen schläft ein Baby durch. Und jetzt die schlechte: Danach beginnt die sogenannte Wachstumsphase. Sie ist gekennzeichnet von häufigem Erwachen in der Nacht und dauert bis zum dritten Lebensjahr.

Im Ernst: Bis das Baby wie ein Stein schläft, ist es ein steiniger Weg. Und selbst wenn die kleinen Raver nicht mehr durchmachen, heißt das nicht, dass du ausschlafen kannst. Denn wenn ein Kleinkind um 20 Uhr im Bett liegt, wacht es allerspätestens um sieben Uhr auf. Das ist Fakt. Und zwar auch am Wochenende. Ausschlafen findet nur – wie Freizeit – im Akkord statt und irgendwann überhaupt nicht mehr. Daran wirst du dich gewöhnen müssen. Früher undenkbar, aber als Vater bitterer Ernst: Du suchst dir dein Fitness-Studio ab sofort danach aus, ob es schon um sieben Uhr morgens aufmacht.

Ach ja: Die Idee, dass die Kleinen morgens länger schlafen, wenn du sie abends später ins Bett legst, kannst du gleich begraben. Das Gegenteil stimmt: Legt man das Kind abends später hin, ist es morgens garantiert eine Stunde früher wach – und den ganzen Tag müde und unerträglich.

Irgendwann, nach einem Jahr latentem Schlafentzug, wirst du total auf dem Zahnfleisch gehen. Dann hilft nur noch, ein paar Tage lang das Rentnerprogramm durchzuziehen: sich zeitgleich mit dem Baby schlafen legen. Auf diese Art bist du morgens um sechs Uhr, wenn das Kind kräht, topfit. Erst mal ist es natürlich ungewohnt, sich die Zähne zu putzen, bevor Carmen Nebel anfängt. Aber da es ohnehin keine Kumpels mehr gibt, die in der Kneipe auf dich warten, macht das auch keinen Unterschied.

SCHNULLER

Eine Art Crackpfeife für Säuglinge. Nur ein Zug, und schon wird das kleine Hirn ins Nirwana gebombt. Atem und Sprache verlangsamen sich, das unkoordinierte Um-sich-Schlagen lässt nach, die Aufmerksamkeitsspanne verdoppelt sich auf 20 Sekunden. Kurz gesagt: Kaum steckt der Nuckel im Mund, unterscheidet sich dein Kind kaum noch von den kleinen Strebern auf dem Spielplatz.

Die Verlockung, das selig machende Silikon (vergiss Naturkautschuk) rund um die Uhr einzusetzen, ist also riesig. Dennoch solltest du ihr widerstehen, denn die Wunderdroge Nuckel hat einen gewaltigen Haken: Sie macht – wie Crack – sofort süchtig. Das bedeutet: Sobald der kleine Junkie auf Turkey ist, fängt er an, Beschaffungsdelikte zu begehen und alles zu tun, um wieder druff zu kommen. Es soll sogar Kinder geben, die sich absichtlich die Knie aufschürfen, nur um zur Beruhigung danach kurz am Schnuller ziehen zu dürfen.

So wirksam die Droge, so mörderisch ist auch der Entzug. Was liegt also näher, als die Entwöhnung in professionelle Hände zu geben? Angenommen, ihr legt keinen Wert darauf, einen Tag mit einem tollwütig um sich schlagenden Kind zu verbringen, dann empfiehlt sich dieses Vorgehen: Den Junkie zum Kindergarten bringen und kurz vor der Tür zum Gruppenraum den noch im Mund befindlichen Nuckel mit einem schnellen Griff deinstallieren. Noch bevor das Kind reagieren kann, schiebst du es in den Gruppenraum und warnst die Damen ganz beiläufig, dass »wir gerade den Schnuller abgewöhnen«. Dass mit »gerade« seit einer Minute gemeint ist, müssen sie ja nicht unbedingt wissen.

SCHÖNWETTER-PAPIS

Väter, die sonntags von 11 bis 11.30 Uhr Babydienst schieben – und zwar mit voller Energie. In den Schönwetter-Papis hat sich eine Woche schlechtes Gewissen vom Bürohocken angestaut. Das entlädt sich dann auf dem Spielplatz in unerträglichen Begeisterungsstürmen: Bei jeder Sprosse, die ihre Sprösslinge auf dem Klettergerüst nehmen, kriegen die Herren einen halben Abgang; jede auch noch so lächerliche Leistung quittieren sie mit einem quer über den Spielplatz gebrüllten »Suuuper!«. Betreuungsprofis ignorieren diese Anfänger. Sie wissen, dass die Schönwetter-Papis spätestens zum Mittagessen die Segel streichen.

SEX

Kurz gesagt: Du wirst keinen mehr haben – jedenfalls nicht in den gleichen Abständen wie früher. Weil Sex nur möglich ist, wenn das Kind schläft. Es soll zwar Paare geben, die so abgehärtet sind, dass sie eine sogenannte Geheimnummer schieben, also unter der Decke, während das Kind im Gitterbett daneben glucksend herumspringt. Aber mal im Ernst: Wer ist schon so verkommen?

Die Brut muss also schlafen. Das tun Babys leider

nicht so oft, wie man denkt. Ein Mittagsschlaf von zwei Stunden ist das Höchste der Gefühle. Und nutzen kann man diesen Korridor als Arbeitnehmer auch nur am Wochenende. Unter der Woche sieht's also mau aus. Es sei denn, du hast nach einem 13-stündigen Betreuungstag noch Tinte im Füller. Unwahrscheinlich. Eure Agenda für 20.10 Uhr sieht eher so aus: um die Wette einpennen auf dem Sofa.

Mit zwei bis drei Jahren verschlechtert sich die Lage zusehends. Die Kinder hören dann nämlich auf, Mittagsschlaf zu halten, um die → Unhappy Hour am späten Nachmittag richtig übermüdet auskosten zu können. Es hat sich bewährt, ab diesem Zeitpunkt den Mittagsschlaf in »Mittagspause« umzubenennen und den Nachwuchs zwischen zwölf und zwei wenigstens für ein paar Minuten mit einem Hörspiel ruhigzustellen (was einem auch akustische Freiheiten beschert). Achtung: Wenn möglich keine Kassetten kaufen, sondern CDs, die laufen länger. Ausnahme: Ihr besitzt einen Autoreverse-Rekorder. Traurig, aber wahr: Ob ihr ein erfülltes Sexleben habt, hängt auf einmal davon ab, ob das Kind *Conni und der Osterhase* (60 min. von CD) oder *Conni auf dem Bauernhof* (20 min. von Kassette) hören will.

Überhaupt ist Würde ab sofort ein Fremdwort. Nach einiger Zeit werdet ihr euch wieder wie Teenager vor dem ersten Mal vorkommen und auch so reden – eben weil Verbalerotik die einzig mögliche Erotik ist. Ein Dialog samstagmorgens am Frühstückstisch läuft dann zum Beispiel so ab:

SIE : Kann ich mal die Salami haben?

ER (im Bariton): Aber sicher!

SIE (nimmt die Salami): Boah, ist die dick.

ER: Ja, prall und fest. Und das schon seit Mittwoch.

Und so weiter und so fort. Es ist einfach erbärmlich.

Die Rückkehr zur normalen Sexualität kündigt sich dann eines Tages mit dem Satz an: »Schließ mal ab. Passiert schon nix.« Diese Episode endet in der Regel mit einem vor der Tür randalierenden Kind und mindestens einem Partner, der fortwährend »Ich komme gleich!« brüllt.

Fazit: Wenn ihr wirklich eure Ruhe wollt, müsst ihr einen Babysitter besorgen und ins Hotel gehen. Oder ihr macht einen dieser Wochenendtrips, in die sich deine Eltern seinerzeit hin und wieder geflüchtet haben. Hast du dich als Kind auch gefragt, was auf diesen Reisen eigentlich so passiert? Jetzt wirst du es erfahren: Zwei Menschen haben wilden und leidenschaftlichen Schlaf.

SEXY MAMA

Die ganze Brüterei ist der reinste Betrug. Erst wird die Lady drall, dann kommt der Verfall: Die paradiesischen Glocken verschwinden nach dem Abstillen, der Hüftspeck und die Zickerei aus der Schwangerschaft bleiben.

Aber du kannst hoffen. Selbst wenn die Körbchengröße D endgültig Vergangenheit ist: Irgendwann gegen Ende der → Dinkeljahre werdet ihr beschließen, mal wieder richtig auszugehen. Und während du dasitzt und dich fragst, wie wohl der bulgarische Babysitter aussieht, den ihr bestellt habt, schaust du dir deine Lady an. Der Blick wandert am etwas zu hohen Absatz der Riemchensandalen hoch, streift den etwas zu hohen Rocksaum und bleibt schließlich auf der etwas zu durchsichtigen Bluse hängen. Und plötzlich fällt es dir auf: Deine Lady ist eine Sexy Mama!

Ab da wird alles wieder gut.

MILF –»Mother I'd like to fuck« –, so wird die flotte Mutter etwas uncharmant im Erotikfilm genannt. Dort taucht sie als Lehrerin auf, die ihren Dutt löst und lasziv die Hornbrille absetzt, um beim Nachsitzen auf den ihr Schutzbefohlenen Platz zu nehmen. Oder als Sekretärin, die mit offener Bluse einen Handwerker empfängt, der die Klimaanlage reparieren soll (Zitat: »Mir war so heiß«). Nicht zu vergessen die legendäre Mrs Robinson aus der »Reifeprüfung«, die dem Nachbarsjungen nachstellt.

Gib's zu: Insgeheim standest du schon immer auf die Damen aus dieser Pornokategorie. Anfangs hattest du ein schlechtes Gefühl dabei, schließlich tummeln sich Sexy Mamas meist in der Unterkategorie »reif« und damit unangenehm nah an deiner eigenen Mutter. Doch jetzt bist du reif für reife Damen – besser noch: Du lebst mit einer zusammen.

Das ist kein Grund zur Sorge, sondern Anlass zur Freude, denn dass deine Lady eine Sexy Mama wird, ist das Beste, was dir passieren kann. Schließlich verpflichtet das Label. Eine MILF zu sein bedeutet nämlich vor allem eines: Spaß zu haben. Die Damen sind fest entschlossen, in den kommenden 30 Jahren all das nachzuholen, was sie in den letzten drei versäumt haben. Sie wollen das Leben genießen und eben nicht nur Mutter sein. Und das ist gut so.

Was macht den Kern der Sexy Mama aus? Der britische Komiker Ali G. hat es ganz gut auf den Punkt gebracht, als er Madonna – ein Prachtexemplar ihrer Gattung – zum letzten Kind mit dem Satz gratulierte: »Wo das hergekommen ist, möchte ich hin.«

So erkennst du die Spezies im Alltag: Sexy Mamas …

- fahren Cabrio, am liebsten Mini, MX-5 oder Mercedes SLK,
- gehen dreimal die Woche zum Sport, perfekt geschminkt und in knallengen Klamotten; ihr Programm besteht aus 20 Sätzen Mit-dem-Trainer-Flirten,
- trinken überall und jederzeit Prosecco; haben keine Angst vorm Schwips am Nachmittag,

Sexy Mama: Die beste aller Mütter. Sie bleibt auch nach der Geburt eine Frau. Kennzeichen: Sonnenbrille im Haar und Prosecco in der Hand. Die Sexy Mama fährt Mini, trägt Mini und weiß, was Männer wünschen – nämlich einen leckeren Look *und* leckeres Essen.

- tragen eine schwere Versace-Sonnenbrille im Haar, ältere Exemplare auch eine Lesebrille, ebenfalls nur in der gesträhnten Mähne (niemals jedoch auf der Nase!),
- lieben Schuhe in Silber und Gold, Klamotten mit Leopardenprint oder Schlangenmuster,
- ziehen zum Tanzen die Schuhe aus.

Ihre Mädchenflausen haben Sexy Mamas Gott sei Dank im Kreißsaal gelassen. Sie wissen, dass Männer viel Wärme brauchen, aber eben auch eine warme Mahlzeit. Sie verdecken ihre Kiste nicht schamhaft mit einem Pullover um die Hüfte, sondern präsentieren sie gerne der ganzen Welt. Sie haben verstanden, dass einen guten Job zu haben sexy ist, einen guten Job zu geben aber auch. Das ist nicht oberflächlich, sondern zutiefst weise.

Den absoluten Hauptgewinn hast du gezogen, wenn deine Lady eine Clique von anderen Sexy Mamas um sich herum versammelt. Dann wird es auf euren Partys um halb neun so abgehen wie früher nachts um halb drei. Und du wirst ständig Visionen von einer neuen Art von Grabbelgruppe haben.

Fazit: Du solltest deine Lady bei ihrer Verwandlung zur Sexy Mama nach Kräften unterstützen. Rate ihr, in Klamottenläden für Teenager wie Pimkie oder H&M einzukaufen – schließlich heißt der bekannte Spruch nicht »Je oller, je dezenter«. Empfehle ihr, ein absolut unpraktisches Auto anzuschaffen, in dessen Kofferraum kein einziger Wasserkasten reinpasst. Schenke ihr zu Weihnachten nur Wäsche, die für ein *Playboy*-Fotoshooting taugt, und lass sie sofort unterm Baum probelaufen. Indikator: Wenn euer Kind dabei nicht rot wird, warst du in deiner Wahl zu zurückhaltend. Man kann gar nicht früh genug damit anfangen, die Brut zu traumatisieren.

SICHT-ERZIEHUNG

Solltest du unbedingt praktizieren. Es gilt das Prinzip: Was der Schiri nicht sieht, muss er auch nicht pfeifen. Wenn du ab und zu deine Ruhe willst, solltest du das taktische Weggucken üben.

Zum Beispiel in solchen Situationen: Die Monster essen mit den Händen statt – wie gefordert – mit dem Löffel. Für dich kein Problem: Du studierst beim Essen einfach den Katalog vom Media Markt, der gerade im Briefkasten lag. Und schon musst du den Regelverstoß nicht ahnden. Mach dich locker, du bist schließlich nicht die Super-Nanny.

ACHT TODSÜNDEN

Vater zu werden kann deine Coolness auf immer zerstören. Meistens verläuft der Verfall schleichend. Es fängt damit an, dass du an der Tanke heimlich das Cover der »Gala« studierst, um beim nächsten Treffen der Krabbelgruppe mitreden zu können. Und endet damit, dass du zusammen mit anderen Müttern *Tee* trinkst.

Einige Kollegen können es gar nicht abwarten und nehmen den Schnellzug ins Waschlappenland – zum Beispiel, indem sie eine der sieben Todsünden begehen. Hier der Countdown des Schreckens:

8. Zu Weihnachten Fotos verschicken, auf denen das Baby eine Weihnachtsmannmütze trägt. Steigerung: Das Konterfei des Kindes ziert sogar die Briefmarke auf dem Umschlag.
7. Baby im indischen Tragetuch rumschleppen. Steigerung: Vorher die Binde-Anleitung auf DVD gucken.
6. Das Kind die Ansage auf den Anrufbeantworter sprechen lassen.
5. Hausnummer und Klingelschild aus Salzteig basteln. »Familie …« draufschreiben.
4. Babyschuhe, womöglich golden angesprüht, an den Autorückspiegel hängen.
3. Einen »… on Tour«-Aufkleber am Auto anbringen.
2. Vom Kind Gebasteltes oder Gemaltes mit ins Büro nehmen und sichtbar ausstellen.
1. Das Wort »kleiner Erdenbürger« in den Mund nehmen.

SINN DES LEBENS

Du sitzt jobmäßig im Zug nach Nirgendwo. Du fragst dich, was das alles soll? Ein Kind wird daran nichts ändern. Nur dass du jetzt übermüdet im Zug nach Nirgendwo sitzt. Ein Kind zu haben ist nicht *der*, sondern höchstens *ein* Sinn des Lebens. Deshalb sollte sich deine Existenz nicht nur um den Nachwuchs drehen.

Denk dran: Noch zwölf Sommer, dann wollen die Kleinen nicht mehr mit dir gesehen werden. Das ist keine lange Zeit.

SONNENSCHUTZ

Das Thema ist in den letzten Jahren völlig außer Kontrolle geraten. Um es kurz zu machen: Ein Kind darf heutzutage nur noch so viel Sonne abkriegen wie Darth Vader, der blickdicht verpackte Bösewicht aus »Star Wars«. Die moderne Devise am Strand und im Freibad lautet: Anziehen statt Eincremen! Damit versetzt die Sonnenschutzmafia erfolgreich alle → Helikopter-Eltern in Angst und Schrecken. Und warum reichen Delial & Co. nicht mehr aus? Weil sich Kinder – wie schockierend! – am Strand bewegen und so gefährliche Lücken in ihren chemischen Schutzpanzer reißen können. »Selbst die gutwilligste Mutter wird mit dem notwendigen Nachcremen überfordert sein«, kreischen die Panikprofis in den Babyversandkatalogen und ziehen den Eltern gleich noch eins mit der Gewissenskeule über: »Kinderhaut vergisst nicht!«

Wer wollte nach dieser Litanei noch zur Cremeflasche greifen? Also muss die volle Ausstattung her, bis der Schattenfaktor einer Burka erreicht ist. Ein zeitgemäßer Sonnenschutzpanzer beginnt am Kopf mit der

Sonnenschutz: Moderne Eltern ruhen erst, wenn ihr Kind am Strand weniger Sonne abbekommt als Darth Vader. Einschmieren reicht schon lange nicht mehr: Gefragt ist der UV-Schutzpanzer mit dem Schattenfaktor einer Burka.

obligatorischen UV-Schirmmütze, natürlich mit umlaufendem Nackenlappen, damit auch die Ohren bedeckt sind. Was dann noch an Licht ins Gesicht fällt, wird von einer professionellen Sonnenbrille abgeblockt. Sie hat freilich keine Bügel, sondern wird von einem strammen Gummiband aufs Gesicht gepresst und bietet bombensichere Abschirmung, die ausreicht, um Schweißarbeiten durchzuführen.

Apropos Schweiß: Den Körper ihres kleinen Sonnenscheins zwängen Eltern in eine Art Taucheranzug, der »Schutz bis zum empfindlichen Knie« gewährt, wie die

Werbung verspricht. Das ganze Arrangement verfügt natürlich über den Lichtschutzfaktor 80 nach – und das ist wichtig – australischem Standard.

Eltern, denen die maximale Verweichlichung ihrer Kinder am Herzen liegt, krönen dieses Ganzkörperkondom mit einem Paar sogenannter Strandsocken. Jawohl, man trägt heute Strümpfe am Strand, damit die Füße der angehenden Schattenparker nicht nur vor Sonne, sondern auch vor bösem heißem Sand behütet sind. Die Lebenslektion »Du musst schneller laufen, wenn der Boden heiß ist«, müssen sich die Kinder woanders abholen, wahrscheinlich in einem Baby-Motivationsseminar inklusive Laufen über leicht angewärmte Kohlen. So sieht jedenfalls Badespaß nach australischem Standard aus.

Vor dem Sonnenschutzterror sind die armen Vollkasko-Kids nicht einmal daheim geschützt. Ein Kind fristet heutzutage ein buchstäbliches Schattendasein: Jeder Ort, an dem sich die kleinen Menschen aufhalten könnten, wird mittlerweile abgeschirmt. Das Planschbecken, der Sandkasten, ja sogar der Rasen im Garten – alles wird ganz selbstverständlich mit einem Sonnensegel (Lichtschutzfaktor 400) geliefert. Das entspricht in etwa der Abschirmungskraft eines Granitblocks.

Solltest du dich trotz allem dafür entscheiden, dein Kind den tödlichen Strahlen auszusetzen, wirst du überrascht sein: Was dir deine Eltern 1975 am Strand von Korsika als Sonnencreme verkauft haben, war nur ein übles Placebo. Mit dem Zeug würden Eltern ihre Kinder heutzutage nicht mal mehr in den Keller schicken.

Hier ein kleiner Vergleich, der die Inflation des Irrsinns zeigt:

1977		2009
Lichtschutzfaktor 15 = starker Schutz ☺	⇨	Lichtschutzfaktor 15 = lächerlicher Willst-du-deine-Kinder-dem-Haut-krebs-opfern-Schutz ☹

Auf deutschen Spielplätzen gilt deshalb die Regel: Trau keinem unter 30. So hoch sollte der Lichtschutzfaktor deines Sonnensprays sein (ist praktischer als Creme), das du aus deiner Sakkotasche ziehst. Natürlich nach austral … du weißt schon.

SPIELGRUPPE

Eine Veranstaltung, bei der sich die Kinder zwei Stunden lang gegenseitig Sachen wegnehmen und dabei kreischen, als würden sie abgestochen. Zehn Minuten vor Ende fallen sie sich in die Arme und beginnen mucksmäuschenstill eine Partie Memory zu spielen.

SPIELPLATZ

Der Ort, an dem du von nun an den Großteil des Tages verbringen wirst. Deshalb solltest du den Spielplatz sorgfältig auswählen. Café, Tanke oder Trinkhalle in der Nähe sind ein Muss, damit du nicht die ganze Verpflegung mitzuschleppen brauchst. Zu viele Bäume bringen Punktabzug, weil da die Sonne nicht durchkommt und du dir im Frühling einen abfrierst.

Um Dauergezänk zu vermeiden, solltest du immer genug Plastikkram zum Spielplatz mitbringen (unsichtbar unten im Kinderwagen deponiert). Aber erwarte nicht, das Zeug auch wieder mitzunehmen. Selbst Mütter aus der Mittelschicht sind sich nicht zu schade dazu, dir für ein 10-Cent-Förmchen ins Gesicht zu lügen (»Ich glaube, das war von uns.«) – scheinheiliges Grinsen – schnapp! Nimm's hin.

Überhaupt solltest du auf dem Spielplatz eine Politik der Nichteinmischung betreiben: nur eingreifen, wenn dein Kind extrem rumprollt. Das spart Nerven. Bloß nicht in Mikromanagement verfallen à la »Nein, diese Gießkanne gehört uns nicht«. Du stellst dich am besten ein bisschen abseits hin und kümmerst dich um die Security im W. I. P. P.-Bereich.

Vorsicht vor → Kampfhennen oder Kindern, die wie Stars aus dem Showbusiness oder deren Brut heißen. Wo sie buddeln, kann eine Förmchenfehde schnell in einer Prügelei enden, vor allem wenn die andere Sorte von Zu-Hause-bleib-Papi mitmischt, also solche, die keiner geregelten Erwerbstätigkeit nachgehen.

Ein absolutes Tabu ist, den anderen Kindern auf dem Spielplatz etwas zu essen anzubieten, vor allem wenn das Nahrungsmittel Fett, Protein, Kohlenhydrate, Gluten, Salz, Zucker oder andere tödliche Stoffe, womöglich aus nichtbiologischem Anbau, enthält. Eltern haben heutzutage für ihr Kind ein ausgefeiltes Ernährungskonzept. Wenn dann die Amalia dem Noah mal einfach so eine Salzstange abgibt – nicht auszudenken! Also vorher immer brav fragen: »Darf er/sie …?«

Fürs Auge bietet ein Besuch auf dem Spielplatz so gut wie nichts. Es handelt sich um einen Ort ohne jeglichen Sex-Appeal. Manolo Blahnik und Estée Lauder haben hier keinen Zutritt. Rund um den Sandkasten erstreckt sich modisches Niemandsland. Du wirst die buchstäblich ungeschminkte Wahrheit über deutsche Mütter erfahren. Und wehe, eine Lady läuft gestylt oder gar mit einem Absatz unter den Schuhen auf – dann wird sie von den Glucken gnadenlos geschnitten.

Kindern ist all das natürlich egal. Sie legen ganz andere Kriterien an einen Spielplatz an als du. Aus ihrer Sicht muss man hier zwei Dinge machen können: sich verletzen und sich einsauen. Das sind ihre einzigen Qualitätsansprüche, alles andere ist bedeutungslos. Wenn du willst, dass dein Kind sich amüsiert, solltest du dich daher an seiner Hitliste der Spielgeräte orientieren:

Platz 5: **Federtier.** Ein Pony oder Motorrad aus Holz, das mit einer überdimensionalen Sprungfeder am Boden festgeschraubt ist. Überaus beliebt bei Teenagern, die nach dem Komasaufen nach Hause torkeln und sich auf das Wackelgerät setzen, um ihren Freunden zu zeigen, dass sie jetzt total aus der Pubertät raus sind. Die eigentliche Zielgruppe, Kleinkinder, werden auf einem Federtier nur selten gesichtet, und wenn, dann keinesfalls länger als 41 Sekunden.

Platz 4: **Rutsche.** Schräge Metallfläche, auf die man von unten Kiesel und Sand hinaufwirft. Erst wenn das untere Ende komplett mit Dreck bedeckt und kein Metall mehr zu sehen ist, klettert das Kind auf die Rutsche. Dort wartet es, bis sich in der Auslaufzone ein anderes Kind aufhält, mit dem es zusammenstoßen kann. Dann wird gerutscht. Und das auch nur einmal.

Platz 3: **Schaukel.** Ein weiteres Spielgerät, an dem man sich so richtig austoben kann. Und »man« meint in diesem Fall »du«. Es heißt nicht umsonst »*Wir* werden das Kind schon schaukeln«. Kinder unter drei schwingen ihre Körper nämlich grundsätzlich nicht selbst hin und her, sondern lassen sich von dir anschubsen, während

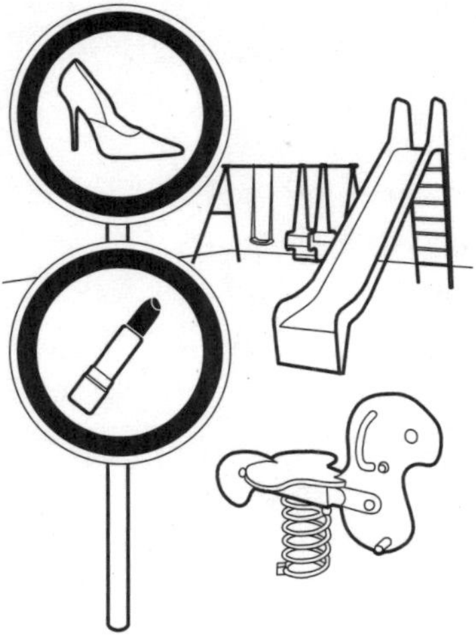

Spielplatz: Schminke und Stilettos verboten! Rund um deutsche Sandkästen erstreckt sich eine Style-Wüste. Du wirst mit der buchstäblich ungeschminkten Wahrheit über junge Mütter konfrontiert.

sie dich nach dem Olympia-Motto anfeuern: »Höher, schneller, weiter!«

Dabei sein ist für dich in diesem Fall nicht alles, sondern genau das Falsche. Wenn du das Anschubsen nämlich nicht rechtzeitig verweigerst, wird das Kind bis zum Abi nicht selbst schaukeln können.

Platz 2: **Seilbahn.** Macht den Besuch auf dem Abenteuerspielplatz erst richtig abenteuerlich. Nichts garantiert für mehr Schürfwunden als eine gute alte Seilbahn. Weiterer Pluspunkt: Beim Abstoppen am Ende des Seils kann man sich beide Schultergelenke auskugeln.

Platz 1: **Wasserpumpe.** Die Königin der Kinderherzen und gleichzeitig Favorit aller Herdmännchen. Ein Sommertag auf einem Spielplatz mit Wasserpumpe vergeht nämlich wie im Flug. Die kleinen Schlammliebhaber werden sich stundenlang einsauen, ohne dass du auch nur eine Sekunde Animation betreiben musst. Achtung: Das ist einer der wenigen Events, zu denen du mehr als nur Feuchttücher und Windel mitnehmen musst. Klamotten zum Wechseln sind Pflicht.

Wenn du ganz viel Glück hast und über 30 Grad herrschen, ziehen sich sogar ein paar junge Mütter mit milchgeschwollener Brust ihre Badesachen an. Dann wirst du das erste Mal wirklich *mit* deinem Kind spielen – und sei es auch nur, um ein bisschen kaltes Wasser abzubekommen.

SPIELZEUG

Eine einfache Daumenregel: Für Kleinkinder empfehlenswert sind alle Produkte mit dem Aufdruck »von 10 bis 14 Jahre« (Spielzeug für Kinder ab 14 nennt man »Bargeld«). Lautet die Aufschrift dagegen »0 bis 3

Jahre«, stecken in der Packung knallbunte, riesige Plastikformen, die in passende Plastiklöcher geschoben werden sollen.

Babys ignorieren grundsätzlich Spielzeug, das für ihr Alter freigegeben ist, es sei denn, es kommt aus China und ist mit bleihaltiger Farbe bemalt, denn die sind giftig, und Kinder lieben nun mal den maximal möglichen Unfall.

Gute Beschäftiger dagegen sind: TV-Fernbedienungen, Labello-Stifte und Handys. Aber Vorsicht: Elektronische Geräte reagieren empfindlich auf Sabber. Kaut dein Kind etwas zu lustvoll an den Kontakten des Mobiltelefons, kann das Fehlermeldungen wie »Zubehör nicht erkannt« hervorrufen oder das Gerät total kaputtmachen. Und nein, ein altes kaputtes Handy tut es nicht. Babys verfügen nämlich über ein zusätzliches Sinnesorgan, mit dem sie aktivierte SIM-Karten aufspüren können. Ist das Telefon in dieser Sekunde nicht im Funknetz eingebucht, werden sie es ignorieren.

STARTHILFE

Kinder lieben Spiele. Du auch, aber leider andere. Und da Babys nicht Poker, sondern Backe-backe-Kuchen schätzen, wirst du keine Lust haben, die Kinderspiele länger als nötig mitzumachen.

Erfreulicherweise musst du das auch nicht. Es ist keineswegs Pflicht, als Vater stundenlang im Sandkasten zu hocken. Meistens reicht es nämlich, wenn du fünf Minuten mitbackst. Nach dieser Starthilfe beschäftigen sich Kinder ab einem Alter von ungefähr einem Jahr selbst und du kannst dich deinem Latte macchiato widmen. Spielplatz-Greenhorns erkennt man daran, dass sie ständig mitspielen.

Sobald die Maschine läuft, solltest du einen Mindestabstand von zehn Metern einhalten: nah genug dran, um im Ernstfall einzugreifen, aber weit genug weg, um nicht bei jedem Förmchenstreit als Schiri angerufen zu werden.

Auf keinen Fall darfst du den *Flow* stören – diesen göttlichen Zen-artigen Zustand, der eintritt, wenn Kinder still miteinander spielen. Wenn also mal keine Metallschippen auf Schädel krachen, sondern Förmchen und Bagger friedlich geteilt werden. In den meisten Fällen ist das zufällig der Moment, in dem ihr zum Kinderarzt oder einem anderen Termin aufbrechen müsst.

Der Spielfluss bei Kindern ist in etwa mit der inneren Ruhe vergleichbar, die du nach drei Stunden ununterbrochenen Computerspielens erreichst. Du weißt, dass nichts schlimmer ist, als in diesem Moment gestört zu werden. Deshalb solltest du Kinder, die im Flow sind, niemals unterbrechen. Niemals. Nicht einmal, um ihnen die Nase zu putzen.

STILLEN

Nicht deine Baustelle. Rede nicht drüber und vermeide es, dich am (Lak-)Tatort aufzuhalten – es sei denn, du stehst drauf.

Die → Besorgnisindustrie stürzt sich natürlich lustvoll auf das Thema Stillen. Und wie üblich haben sich die Experten gleich ein großes Wort für ein kleines Problem ausgedacht. Es lautet Saugverwirrung: Demnach wollen die Babys keine Brust mehr, wenn sie einmal Flasche hatten (also anders als bei erwachsenen Männern). Ist in den meisten Fällen Quatsch, vor allem, wenn man sich mit dem ersten Fläschchen ein paar Monate Zeit lässt. Aber da deine Herzensdame auf eine andere Art auch ein wenig saugverwirrt ist, musst du ihre Bedenken zerstreuen.

TAGESABLAUF

Wenn du Babydienst hast, sollte schon frühmorgens dein generalstabsmäßiger Plan stehen. Babys sind nämlich kleine Bürokraten und Spießer: Gibt es keine Tagesordnungspunkte, langweilen sie sich und kommen auf komische Gedanken.

Bewährte Orte zum Zeittotschlagen: Zoo, Schwimmbad, Eisdiele. Mehr unter → *Aktivitäten*.

Weniger empfehlenswert sind Beschäftigungen, die in der Gruppe stattfinden: Hier bist du meist allein unter Frauen oder von schlimmen Flachspülern umgeben. Finger weg. Die Krabbelgruppe oder → PEKiP überlässt du wenn möglich der Lady.

Unglücksrad

Babys brüllen wie am Spieß, gerne auch ohne Grund. »Unspezifisches Schreien« heißt das in der Fachspra-

Unglücksrad: Warum schreit das Baby? Du wirst es niemals herausfinden. Deshalb lass in deinem Kopf einfach diese Dame am Rad drehen und verkünde das Ergebnis mit fester Stimme. Die Chancen stehen eins zu drei, dass du richtigliegst.

che. Mütter können mit dieser Unsicherheit nur schlecht umgehen. Bevor sie Tag und Nacht rätseln, solltest du einschreiten: Stell dir ein Rouletterad mit drei Feldern vor: »Müde« – »Hungrig« – »Zähne«. Sobald das Baby loslegt, drehst du im Geiste das Unglücksrad und verkündest das Ergebnis mit fester Stimme: »Klarer Fall, das Kind kriegt Zähne!« Die Chancen stehen gut, dass du recht hast.

Außerdem: Während ihr noch über die Gründe des Schreiens rätselt, verstummt das Baby meistens von selbst.

UNHAPPY HOUR

Beginnt gegen 17 Uhr und erreicht ihren Höhepunkt, wenn du nach Hause kommst – falls du das Glück hast, arbeiten gehen zu dürfen.

Um diese Uhrzeit ist bei Babys und Kleinkindern der Akku leer und sie vegetieren nur noch vor sich hin. Mit ausgeschaltetem Selbstbeschäftigungsgen taumeln sie durch die Bude, immer auf der Suche nach Möglichkeiten, sich zu verletzen. Sind mehrere Kinder im Haus, fangen die kleinen Zombies um diese Zeit an, sich gegenseitig zu zerfleischen, und es klingt schon vor der Tür so, als ob drinnen das Ballerspiel »Doom« gezockt wird.

In diesem Moment trittst du auf den Plan. Sofortmaßnahme: Nachwuchs von der Mutter trennen und mit irgendwas beschäftigen, was ihm selbst in total übermüdetem Zustand noch Spaß macht, zum Beispiel mit einem schönen Schaumbad, Bude bauen oder der guten alten Laken-Lokomotive (→ Marketing).

UNTERSCHIEDE ZU KINDERLOSEN

Es stimmt: Ein Baby stellt euer Leben auf den Kopf – und alle Saftflaschen, die du halb zugedreht auf dem Esstisch hast stehen lassen.

Doch der Nachwuchs bringt nicht nur große Umbrüche. Auch im Kleinen wirst du viele Unterschiede zum paradiesischen Leben als Kinderloser bemerken.

Hier ein paar Beispiele:

1. Ketchup und Küchenrolle reichen jetzt nur noch eine Woche statt – wie früher – einen Monat.
2. Du bist im ersten Lebensjahr des Kindes so oft krank wie im ganzen Jahrzehnt zuvor.
3. Die Mülltonne ist zwei Tage nachdem sie geleert wurde wieder voll. Vorher war selbst nach einer Woche noch Platz darin.
4. Du musst den ganzen Tag reden, auch morgens direkt nach dem Aufstehen.

5. Der Staubsauger wird nicht mehr weggeräumt, sondern liegt stets startbereit in der Mitte von Küche oder Wohnzimmer.
6. Du wirst nie wieder dein Auto in die Garage fahren können. Da stehen nämlich schon: großer Kinderwagen, kleiner Kinderwagen, Klapp-Buggy für den Urlaub, Bobby Car, Dreirad, Laufrad und Roller.
7. Die Batterien in der Türklingel musst du ab sofort zweimal im Jahr wechseln. Denn noch nie, wirklich noch nie in der Geschichte der Menschheit, hat ein Kind nur *einmal* auf einen Klingelknopf gedrückt.
8. Du hältst dich ein Drittel des Tages auf Toiletten auf. Aber nur, um irgendetwas ab- oder auszuwaschen. Selbst benutzen wirst du die Toilette nie. Warum auch? Du hast um 6.31 Uhr an einem Orangensaft genippt, danach war keine Zeit mehr zum Trinken. Schwere Dehydrierung wird zum Dauerzustand.

URLAUB

Ist Alltag an einem anderen Ort. Du spülst die Fläschchen jetzt mit italienischem Spüli und bist nach zwei Wochen total arbeitsreif.

Ferien, so wie du sie kennst, gibt es als Vater nicht mehr. Ausschlafen (Ja klar …!), mit offenen Fenstern eine Küstenstraße langcruisen (Ohrenentzündung!), womöglich mit lauter Musik (Ohrenentzündung!!) und in hohem Tempo (Willst du uns umbringen?), am Pool liegen (Ertrinken!) – alles passé.

Neben einem Baby kann man sich nicht entspannen, ganz gleich, an welchem Ort auf dieser Erde. Deshalb solltet ihr euch die Tage aufteilen: Mal schiebt sie Dienst, mal du. Dieser Urlaub nach Stechuhr ist vielleicht ungewohnt. Er ist aber immer noch das reinste Zuckerschlecken – im Vergleich zu einem Trip mit *zwei* Kindern.

Wenn du Entspannung wie früher haben willst, fahr mit deinen Kumpels weg. Das ist völlig okay, solange du das deiner Lady auch zugestehst (→ Elternmeilen).

Aber zurück zum Thema: Der Urlaub ist futsch, und jammern bringt dich nicht weiter. Je schneller du dich daher vom Konzept Erholung verabschiedest, desto besser. Um die zweitschönste Zeit des Jahres ohne → Kinderkoller zu überstehen, helfen diese Maßnahmen:

- Beim Buchen eine Ferienanlage auswählen, wo vermutlich auch andere Kinder sind. Das senkt den Bespielungsaufwand um 50 Prozent. Außerdem darauf achten, dass der Pool eingezäunt ist. Unbedingt ein Babyphon mitnehmen.
- Niemals die Abreise am Vorabend ankündigen. Sonst schläft das Kind die ganze Nacht vor Aufre-

gung nicht, und ihr startet alle mit roten Augen in den Süden.

- Kindern unter drei kein eigenes Gepäckstück zugestehen. Sie werden zwar sagen »Ich trage das wirklich selbst«, aber schon einen Meter hinter der Flughafentür unter der Last von zwei Kilo Pixie-Büchern zusammenbrechen – und dein Logistikkonzept mit sich reißen. In diesem Fall musst du zusätzlich zum normalen Gepäck einen supercoolen Winnie-Pooh-Rucksack befördern.
- Ganz gleich, wie viele Koffer du schleppst, von einem Grundsatz solltest du unter keinen Umständen abweichen: Wasserspielzeug wird nicht aufgeblasen transportiert. Niemals.
- Am Urlaubsort solltet ihr sofort einen festen Tagesablauf einführen. Das verkürzt die Eingewöhnungsphase, die bei Kleinkindern im Schnitt zwei Tage dauert und von unerträglichem Gejammer geprägt ist.

Alle Kleinkinder tragen übrigens den 100-Kilometer-Virus in sich: Er bricht aus, sobald man sich 100 Kilometer von der nächsten Kinderarztpraxis entfernt. Wenn du glaubst, das Kind sei schon zu Hause oft krank, wirst du im Urlaub eines Besseren belehrt.

Väter

Es gilt das Gleiche wie bei Müttern, nur nicht ganz so krass. Gerade nach dem ersten Kind verändern sich einige Kumpels bedrohlich. Sie reden nur noch vom Nachwuchs und finden in absolut *jedem* Gespräch einen Dreh, der sie zu ihrem Lieblingsthema zurückführt: die Frucht ihrer Lenden. Ihr sprecht zum Beispiel über den Pirelli-Kalender, die Krise an der Wall Street oder den Hunger in der Welt? Kein Problem, der Nerv-Papi hat ruck, zuck eine Überleitung parat, und ehe du dich abseilen kannst, berichtet er auch schon über die Luftbereifung an seinem Kinderwagen Marke Teutonia. Hallo? Das interessiert niemanden – schon gar nicht arme kinderlose Menschen, die sich manchmal auf Partys verirren.

Die allerschlimmste Sorte Vater ist der Baby-Nerd. Er ist der Streber unter den Herdmännchen, der Perfektionist. Er will nicht nur alles besser machen – er will es am besten machen. Kaum ist der letzte Tropfen vom Schwangerschaftstest gekullert und der berüchtigte zweite blaue Streifen kündet vom Ende des Privatlebens, geht der Überpapi auf Warp-Geschwindigkeit: Jeder Hechelkurs wird mitgemacht, jede Voruntersuchung händchenhaltend begleitet, jeder Kinderwagen im Laden testgefahren.

Dabei gibt sich der Baby-Nerd, wie jeder andere Nerd,

nie mit Halbheiten zufrieden: Statt schnöde Taschenbuchratgeber zu lesen, recherchiert er in medizinischen Fachzeitschriften nach den neuesten Studien zur optimalen Stillposition. Seine Partnerin degradiert er zu einem laufenden Chemiebaukasten, in den er, je nach Stand der Forschung, Folsäure, Magnesium oder Eisen einfüllt. Keine Ultraschalltechnologie lässt er ungenutzt, um den ungeborenen Nachwuchs zu bespitzeln. Kurzum: Wenn es möglich wäre, das Baby selbst auszutragen – weiß Gott, der Baby-Nerd würde sofort bereitstehen.

Vollends dreht der Gebärfanatiker nach der Entbindung ab. Dann lauert er am Ende des Geburtskanals, entreißt Mutter oder Hebamme das arme Kind, um es ab da im Minutentakt zu wiegen und die Ergebnisse in eine Excel-Tabelle auf seinem Laptop einzutragen. Hat er oder sie auch genug getrunken? Und vor allem: Gab es genug audiovisuelle Stimulation? Schließlich weiß der Baby-Nerd, dass in jeder Sekunde 12 000 neue Zellen im Hirn seines heranwachsenden Nobelpreisträgers entstehen. Wer wollte da auch nur einen Augenblick mit Hutschi-gutschi-gu verschwenden?

Sei also nicht überrascht, wenn du auf dem Krankenhausgang eine Gruppe Spezis triffst, die sich hitzig darüber unterhält, welche Schnullerform – der Experte spricht natürlich vom »Beruhigungssauger« – am besten die neuronale Entwicklung fördert. Es sind übrigens oft genau jene Freaks, die sich noch vor wenigen Wochen fast die Köpfe über die Frage eingeschlagen haben, welches Stromkabel an ihrem Verstärker am besten klingt.

Spätestens nach dem zweiten Kind verfallen die Väter Gott sei Dank in eine angenehme Resignationshaltung, und man kann wieder mit ihnen reden.

Apropos Gespräche. Wenn es früher darum ging, in einer Männerrunde anzugeben, musste meist die Unterhaltungselektronik herhalten. Mein Handy, meine Spielkonsole, mein Plasmafernseher – das waren die Statussymbole. Nach dem Brüten übernimmt das Kind diese Funktion. Während Frauen über besonders kurze Nächte jammern, prahlt der Mann gerne damit, wie pflegeleicht sein Kind ist: »Also unser Kleiner hat schon im Kreißsaal durchgeschlafen.«

Zum Schluss noch eine Warnung: Vatersein gefährdet deine Figur; davor sind selbst die coolsten Player nicht gefeit. Denn alle Männer werden nach der Geburt vom sogenannten Sportschau-Syndrom bedroht: Der junge Vater schaut nur noch Sport, statt welchen zu treiben – und sieht bald dementsprechend aus.

Wenn du also auch künftig bei → Sexy Mamas punkten willst, und sei es nur bei der neben dir, solltest du ein ganzheitliches Vorbeugungsprogramm starten: a) Nach der Geburt ab und zu neue Klamotten einkaufen; b) weiter Sport treiben und nicht die Essensreste vom Kind verwerten; c) gelegentlich auch über Dinge reden, die nichts mit Kindern zu tun haben.

VERANTWORTUNG

»Wir teilen uns die Verantwortung.« Mit diesem Vorsatz startet das moderne Paar heutzutage in das Projekt Fortpflanzung. Ein guter Plan – der an einem Mangel krankt: Er ist totaler Bullshit.

Es gibt keine gleichmäßig verteilte Verantwortung. Die Sache sieht so aus: Wenn es hart auf hart kommt – Umzug, Unfall, Geldsorgen, Baufinanzierung –, musst du allein die Dinge regeln. Solche Sachen sind und bleiben Männersache. Du allein stehst vor der Höhle und verteidigst die Brut.

VERANTWORTUNGSJUNKIES

Manche Leute können es gar nicht abwarten, ihre lästige Freizeit loszuwerden. Solche Verantwortungsjunkies kaufen sich kurz vor der Geburt ihres ersten Kindes noch einen Hund. Warum? Wahrscheinlich spukt in ihren Köpfen ein Bild von der heilen Familie Typ »Waltons« rum. Spätestens wenn sie durch den Supermarkt hetzen, weil ihr Kind im Wagen krakeelt und gleichzeitig der vor der Tür angebundene Hund kläfft, werden sie das bereuen. Diesen Stress solltest du dir nicht antun. Deshalb: Hände weg von Lebewesen, die nicht intelligenter sind als eine Milchtüte.

VERBOTE

Kinder sind ganz schlecht darin, Entscheidungen zu treffen. Einjährige etwa gehen – wenn man sie lässt – bei minus zehn Grad nackt nach draußen. Oder sie steigen in eine Pfütze, die tiefer ist als ihre Gummistiefel hoch. Oder essen Seife. Mach bloß nicht den Fehler, sie wie denkende Organismen zu behandeln. Wenn du sie etwas Wichtiges selbst entscheiden lässt, wirst du es in der Notaufnahme des Krankenhauses bereuen.

Das ein oder andere wirst du also verbieten müssen. Um nicht als → Robo-Dad zu enden, solltest du dich allerdings nicht mit Kleinkram aufhalten, sondern lieber das → Gladiator-Prinzip anwenden: schlimme Katastrophen vermeiden, den Rest laufen lassen und immer nur ein Verbot auf einmal aussprechen.

Vor allem Mütter tun sich schwer damit, richtige Prioritäten zu setzen: Damit das Kind einen »passenden« Schal anzieht, sind sie bereit, ein 20-minütiges Schreiduell auszufechten. Totale Energieverschwendung.

VERSCHLUCKBARE KLEINTEILE

Sie bedecken 99 Prozent der Erdoberfläche. Eine der wenigen echten Gefahren für Babys. Pass auf wie ein

Schießhund, dass keine Knöpfe, Büroklammern oder Geldstücke für Kinderhände greifbar rumliegen.

Allzu lange brauchst du gottlob nicht im Daueralarm zu leben. Auf Spielzeug steht zwar immer, dass Kinder bis zu drei Jahren keine verschluckbaren Kleinteile kriegen dürfen. Aber in Wirklichkeit ist die orale Probierphase mit ungefähr anderthalb Jahren vorbei, und du kannst dich wieder entspannen. Ab dann gilt beim Spielzeugkauf: keine Kleinteilwarnung – kein Spaß.

VIDEO-VERHÜTUNG

»Zeig ihm die Instrumente!« Im Polizeijargon bedeutet das, einem Verdächtigen die Folterwerkzeuge vorzuführen, damit er auspackt. Dieses Prinzip solltest du anwenden, wenn deine Lady anfängt, etwas von »noch einmal probieren« zu faseln oder so. Das wird irgendwann nach dem zweiten Geburtstag des Kindes sein. Und wenn die Lady geschickt ist, flimmert gerade ein Western über kabel eins und sie trägt Hotpants. Vorsicht, Falle! Mit dieser vermeintlich belanglosen Plauderei will sie nicht weniger als ein → zweites Kind anzetteln.

Um ihr diese Flausen auszutreiben, reicht es normalerweise, ihr »die Instrumente zu zeigen« – und zwar das Video aus dem Kreißsaal. Als Ästhet hast du selbstverständlich nur die Momente nach der Geburt gefilmt, aber selbst die paar Bilder reichen: die vaginafarbenen Wände; das Piepen des Wehenschreibers, der den Schmerzlevel auf einem zweistelligen LED-Zähler anzeigt (praktisch für Männer, schließlich existiert für unsereinen nur das, was auf einem Display steht). Dazu das selige Lächeln der Hebamme, die um ein Haar während der Presswehen eine Enya-CD aufgelegt hätte. Zack, und schon erinnert sich die Lady wieder an alles.

Damit ist das Thema vom Tisch – zumindest bis zur nächsten Werbepause.

VIERTAGEWOCHE

Ein guter Modus, um deinen Pflichten als Herdmännchen nachzukommen: Du gehst nur noch vier Tage die Woche arbeiten und passt einen Tag auf die Kinder auf. Einen zweiten Tag schiebt ihr die Brut an die Großeltern ab. So entstehen zwei Tage, an denen deine Lady arbeiten gehen kann – genug, um den Kontakt zum Business zu halten und den IQ-Verlust durchs Stillen wieder einzuholen.

Die Viertagewoche hat jedoch ihren Preis: Du musst an den verbleibenden Tagen konzentrierter arbeiten und darfst weniger Kaffee trinken und Schwätzchen halten. Das vermiest dir ein bisschen den bezahlten Urlaub, der früher als Arbeit bekannt war (→ Büro). Außerdem werden dich die Kollegen, die weiter Vollzeit arbeiten müssen, hassen.

VORBILDER

Wenn du wissen willst, wie man sich das Leben als Vater einfach macht, solltest du dich nicht an den Wohlstandspapis dieser Republik orientieren, die mehrere Sorten Balsamico im Schrank haben. Die versuchen nämlich ständig, mit ihren Kindern etwas Sinnvolles zu unternehmen und sie so auf eine Karriere bei einem Weltkonzern vorzubereiten. Wenn der Vater mit dem Sohne in Hamburg-Eppendorf, Köln-Klettenberg oder Berlin-Prenzlauer Berg ausrückt, dann rollt der Fahrradanhänger wahrscheinlich zum Baby-Yoga oder dem Englischkurs für Säuglinge.

Sieht so Entspannung aus? Nein, als Vorbild taugen diese Herren nicht. Die wahren Meister der mühelosen Betreuung findest du eher in prekären Verhältnissen. Denn vom Assi lernen heißt chillen lernen. In solchen Haushalten dürfen Kinder nämlich noch Kinder sein: McDonald's, Toys"R"Us und Indoor-Spielplatz lauten hier die Ausflugsziele, und sie werden selbstverständlich mit dem Auto angesteuert.

Genau so zieht man einen Babytag locker durch.

Mach's dir doch auch mal einfach: Fahr mit dem Kind zum Fastfood-Tempel, wenn es gerade in Strömen regnet. Hol dir einen Milchkaffee – das beiliegende Stück Milka bekommt selbstverständlich das Kind –, und dann geht's ab in die Spiellandschaft. Und wenn du schon mal da bist, kannst du dir direkt noch das Abendessen für alle einpacken lassen. Davon geht die Welt nicht unter.

Allerdings musst du auf Kollateralschäden gefasst sein: Wenn du das Assi-Programm übertreibst, kann es sein, dass dein Kind im Sandkasten nur noch »Börger« bäckt.

VORLESEN

Als Vater musst du so viel vorlesen wie in deinem ganzen Leben noch nicht. Mit dem Erfolg, dass du nach ein paar Wochen beim Lesen ein zischendes Geräusch hören wirst – hervorgerufen von deinem verdampfenden Hirn.

Die Gehirnschmelze droht, weil Kinder Wiederholungen lieben. Wenn Babys fernsehen dürften, wären sie wahrscheinlich große Fans von kabel eins, dem Kanal, der sich damit brüstet, die meisten »Klassiker« zu senden (Marketingdeutsch für alte Kamellen). Kinder wollen bekannte Dinge sehen und hören, und zwar so häufig wie möglich.

Deshalb gehört »noch mal« zu den ersten Worten, die jedes Baby stammeln kann. »Noch mal, noch mal«, heißt es dann beim Lieblingsbuch, selbst wenn du es an diesem Tag schon 23-mal vorgelesen hast. Unter dieser Foltermethode wirst du ganz neue Hassobjekte kennenlernen. Bobo Siebenschläfer, Conni, Felix und Prinzessin Lillifee – so heißen ab jetzt deine Feinde, und in deinen Träumen wirst du sie grausame Tode sterben lassen.

Ein Tipp, um nicht völlig zu verblöden: Bei Bilderbüchern nicht die Texte ablesen, sondern die Bilder lieber mit eigenen Worten beschreiben.

Weiterführende Literatur

Klare Sache: Bis auf dieses Buch sind sämtliche Elternratgeber völlig überflüssig. Säuglingspflege und Ernährung sind Themen, die man mit ein bisschen gesundem Menschenverstand innerhalb von ein paar Tagen raushat. Im Zweifel fragst du deine Mutter. Komm aber bloß nicht auf die Idee, bei den jungen Müttern auf dem Spielplatz einen Rat einzuholen. Bevor es nach ein bis zwei Jahren langsam ans Erziehen geht, solltest du dir außerdem »Kindergarten Cop« mit Schwarzenegger ausleihen.

WINDELN

Das wohl am meisten überschätzte Thema. Ein Kartell aus Kompliziertmachern (Hebammen, Schwiegermüttern, Therapeutinnen) wird dir einreden, dass du ohne zwölftägige Einweisung nicht in der Lage bist, eine Windel richtig zu wechseln. Bullshit. Baby auf den Wickeltisch packen, den Dreck mit irgendwas abwischen, neue Windel dran, fertig. Öl und Puder benutzt man schon seit Jahrzehnten nicht mehr.

Ein lustiges Detail: Einige durchgeknallte Ökomamis wickeln ihre Brut heutzutage nicht mehr auf dem Tisch, sondern lassen die Babys dabei stehen – weil die erzwungene Liegeposition von den kleinen Schneeflocken angeblich als Gewaltanwendung wahrgenommen wird. Wer schon einmal Feststoffe von Babys entsorgt hat, wird darüber herzlich lachen können.

Aber zurück zum Thema: Windelnwechseln ist nicht toll, und jede Möglichkeit, sich drum zu drücken, erlaubt (→ Body-nass-Index). Aber es ist nur eine Windel, verdammt noch mal! Kompliziert wird die Sache indes, wenn die Frau das Ganze zu einer Art Gesinnungsprüfung hochstilisiert, zu einer erzwungenen Unterwerfung, so nach dem Motto »Sieh nur, jetzt muss selbst der hohe Herr den Babyhintern abwischen«. Dann solltest du dich wechselunwillig stellen.

Falls du dich partout nicht mit der »Ausfuhr« (Hebammendeutsch für Babyscheiße) beschäftigen willst, gibt es reichlich andere Jobs, bei denen du vortäuschen kannst, die Vatersache ernst zu nehmen. Klassiker sind Fläschchen spülen, Gläschen zubereiten und Küche aufräumen.

WINDOWS-BALKEN

Vater zu sein bedeutet vor allem eines – warten. Warten auf das erste freudige Ereignis nach der Geburt

Windows-Balken: Egal, ob du auf das freudige Ereignis nach der Geburt oder den ersten Gang aufs Töpfchen wartest: Der Windows-Balken vor dem geistigen Auge lässt die Zeit schneller vergehen.

(6–8 Wochen); darauf, dass das berühmte unspezifische Schreien aufhört (3 Monate); oder dass ihr wieder einen Feierabend habt (6 Monate). Es hilft, wenn du dir bei der Warterei einen Windows-Balken vorstellst. Deiner Umgebung solltest du davon natürlich nichts erzählen.

WINDSALBE

Als Vater werden dir viele neue Wörter begegnen. »Windsalbe« ist das beste von allen. Es beschreibt eine Creme aus Kümmelöl, die auf den Babybauch geschmiert wird und gegen Blähungen hilft. Das funktioniert, ehrlich …! Windsalbe wirkt mindestens so gut wie warme Kartoffelwickel – ein weiteres Hausmittel (Hebammendeutsch für Hokuspokus).

Und was schafft wirklich Abhilfe? Die Antwort, mein Freund, kennt ganz allein der Wind.

WOCHENENDE

Zwei quälend lange Tage, die dich von einem erholsamen Tag im Büro trennen – zumindest, wenn das Wetter schlecht ist und du keinen Plan hast. Weil deine Dienstzeit traditionell aufs Wochenende fällt:

Die Lady will ausschlafen und wird dir das Kind samstagmorgens um 6.30 Uhr zu treuen Händen anreichen. Ein »Happy Weekend« gibt es für dich nur noch am Kiosk.

WWBT? (WAS WÜRDE BOND TUN?)

Bisher war in deinem Leben alles klar. Du kanntest die Regeln und die Grenzen, konntest einschätzen, was cool ist und was nicht. Doch dann wirst du Vater, und alles um dich herum scheint zusammenzubrechen. Unsicherheit macht sich breit. Über Nacht musst du dich auf einem neuen Planeten zurechtfinden, in dem OsteopathInnen, TherapeutInnen und ErzieherInnen das Sagen haben. Und in dieser Innen-Welt zu überleben ist verdammt kompliziert.

Selbst deine Kumpels können dir nicht mehr helfen. Die sind nämlich längst auch zur Dunklen Seite übergelaufen und haben als Ratgeber ausgedient. Dein Pumpfreund aus dem Fitness-Studio? Schickt dir per Mail plötzlich ein Ultraschallbild, auf dem du nur etwas erkennst, was einem angefaulten Pfirsich ähnelt. Und ehe du dich versiehst, ruft er bei dir an und faselt etwas von einer »Maus« oder einem »Zwerg«.

Wer kann dir da noch Halt geben?

Nur einer: Bond, James Bond, im Geheimdienst

Ihrer Majestät. Ab sofort lautet deine Leitfrage in allen Lebenslagen: Was würde Bond tun?

Also mal angenommen, 007 hätte irgendwann genug vom schnellen Sex mit den Supermodels gehabt, die mit ihren Oberschenkeln Menschen erwürgen können. Stattdessen wäre der Spion einer klassischen → Sexy Mama verfallen, zu der man niemals nie sagt – etwa der Sekretärin seines Chefs (denk allerdings nicht mal über Bond-Moneypenny nach, das ist was für Doppelnullen). Stell dir weiter vor, das Ehepaar Bond wäre nach ein paar Wodka-Martini ans Werk gegangen. Dieses Gedankenspiel kannst du jetzt mit ein paar billigen Wortspielen abrunden, die die Worte »Liebesgrüße« und »Octopussy« enthalten.

Okay. Jedenfalls steht James Bond also ein Jahr später vor der Pinnwand der Familienbildungsstätte. Würde er sich der »thematisch strukturierten Männergruppe zum Thema Mythos Vater« anschließen? Den Babymassagekurs buchen? Oder sich vielleicht für einen Workshop anmelden, bei dem zwanzig Luschen gemeinsam einen total niedlichen Baby-Greifring schreinern?

Nein, das würde Bond nicht tun. Er wäre nicht gerührt, sondern würde sich schütteln. Und dann mit dem Baby auf den Schießstand oder zum Wasserski gehen – vielleicht. Wie gesagt, das ist nur ein Gedankenspiel. Jedenfalls solltest du dir bei allen auf dich ein-

Was würde Bond tun? Eine Frage, die neuen Vätern in allen Lebenslagen Orientierung gibt. James in der Vätergruppe? Oder Bond beim Babyschwimmen? Das überlässt 007 den Doppelnullen!

prasselnden Entscheidungen zu deiner Vaterrolle immer Sean Connery oder Roger Moore im weißen Smoking vorstellen, die Walther PPK lässig im Anschlag, und dich fragen: Was würde Bond tun?

Xylophon

Nein, mit dem Gespür für das richtige Präsent sind Großeltern nicht gesegnet. Jedes Mal, wenn du nach Hause kommst, wirst du neue Betreuungssouvenirs vorfinden, eines bizarrer als das nächste. Doch die Schocks lassen nach, und nach einiger Zeit kann dich keine der Hinterlassenschaften mehr überraschen (vgl. → Abschieben). Ganz selbstverständlich nimmst du hin, dass Oma dem Enkelkind, das gerade den vierten Lebensmonat erreicht hat, ein Xylophon schenkt, obwohl es zu diesem Zeitpunkt nicht einmal seine eigene Nase fassen kann, geschweige denn einen Xylophonklöppel. Ebenso unbeeindruckt wirst du sein, wenn zwei Monate später ein neues, größeres Xylophon folgt, weil, Zitat deiner Mutter, »das alte nicht gut genug war«.

YMCA-Falle

Weißt du noch? Als ihr früher sonntags nach dem Frühstück, gegen 15 Uhr, auf dem Sofa gelegen und Hollywoodfilme geschaut habt, die ganz alten Teile mit Grace Kelly und Bing Crosby? Und erinnerst du dich noch, wie komisch es euch immer vorkam, wenn die Schauspieler auf einmal zu singen anfingen? Da war Fremdschämen angesagt, zumindest bei der ersten

Nummer. Das ließ aber nach, und spätestens nach dem dritten Ständchen erschien euch das Geträller geradezu selbstverständlich.

So ähnlich wird es dir ab sofort auch in deinem Alltag ergehen. Denn mit Kind lebt man in einer Art Zwangsmusical. Ob beim Babyturnen, in der Spielgruppe oder auch nur beim Abholen im Kindergarten: Alle naselang muss gesungen werden, und zwar in aller Öffentlichkeit, umringt von zwanzig trockenen Muttertieren.

Doch damit fängt die Demütigung erst an! Bei den meisten Liedern wirst du obendrein gezwungen, simultan die Arme zu bewegen. Du weißt schon, wie beim ewigen Diskoknaller »YMCA«: Mach ein »Y«, mach ein »M«, mach ein ... und so weiter. Wobei die Village People im Vergleich zu dir knallharte Rocker sind.

Die YMCA-Falle schnappt zum Beispiel beim Kinderturnen zu. Die Szenerie: Eine Schulsporthalle in der Vorstadt, Baujahr 1977. In der Luft hängt der Muff von klammen Turnbeuteln und vierzig Jahren Völkerball; du schiebst dich vorbei am Folter-Fuhrpark deiner Kindheit: Matten, Barren, Kästen, Medizinbälle. Im Vorbeigehen fragst du dich mal wieder, was wohl der medizinische Nutzen an Bällen ist, die dir beim Fangen die Finger umknicken. »Aha, dann kann's ja losgehen«, ätzt dir die rothaarige Gruppenleiterin im Schlabbersweatshirt entgegen. Und schon stimmt der versammelte Elsenchor in die erste Demütigung ein:

»Guten Morgen, guten Morgen, wir winken uns zu« (kollektives Zuwinken). »Guten Morgen, guten Morgen, erst ich« (Zeigefinger auf die Brust) »und dann du« (Zeigefinger in die Runde). Es folgen gefühlte 36 weitere Strophen.

Dann beginnt das sogenannte Turnen, was bedeutet, dass dein Kind den aufgebauten Mattenparcours ignoriert und stattdessen am Kassettenrekorder der Oberhenne rumnestelt. Das geht 40 Minuten so. Verabschiedet wird sich schließlich mit dem Erniedrigungsklassiker »Alle Leut', alle Leut' gehn jetzt nach Haus« (die Arme formen über dem Kopf ein Dach), »große Leute, kleine Leute, dicke Leute, dünne Leute« (dazu mit den Händen die jeweilige Statur andeuten), »alle Leut', alle Leut', gehen jetzt nach Haus« (Arme erneut über Kopf).

Wenn du dieses musikalische Mobbing zum ersten Mal erlebst, wirst du das Bedürfnis spüren, dich vor Lachen auf den Boden zu schmeißen. Tu das bloß nicht! Die Ladys nehmen diesen Gesangszirkus nämlich superernst. Komm also ja nicht auf die Idee, dich darüber lustig zu machen. Und nein, du darfst keine eigenen, versauten Handbewegungen dazuerfinden, schon gar nicht zu »Eine kleine Schlange wird früh am Morgen wach«.

Da der Fluchtweg Ironie – wie immer unter Müttern – versperrt ist, wirst du wohl oder übel ins Zwangsmusical einsteigen müssen. Sollte die erste Gesangsattacke auf dich zurollen, hilft zunächst das Modell *Nationalkicker bei der Hymne*: Hände dicht am Körper halten, auf den Boden starren, Mund zupressen und ein unhörbar leises »Mmh« rausdrücken. Oder am besten gar nicht mitsingen. Wenn die Nummer vorbei ist, drehst du dich etwas verlegen zur Mutter neben dir um und hauchst ihr ein entschuldigendes »Ich kenn ja den Text nicht!« ins Ohr.

Aber Vorsicht! Diese Entschuldigung funktioniert nur kurzfristig – allein schon deshalb, weil die Texte der Lieder so debil sind, dass du sie theoretisch nach der ersten Strophe hättest mitsingen können. Wenn du weiter nur das Fußballerbrummen rauskriegst und – viel schlimmer – die passenden YMCA-Handbewegungen nicht mitmachst, erwacht schnell der Zorn der → Kampfhennen. Dann bist du echt gekniffen. Es bleibt daher bei der grundsätzlichen Empfehlung: Veranstaltungen in der Gruppe meiden.

Zahnungsbeschwerden

Treten mit ungefähr sechs Monaten auf. Symptome: Kind schreit viel und wirkt gereizt. Leider trifft genau das auf jeden Tag im ersten Lebensjahr zu. Deshalb fällt es schwer, die Zahnung präzise nachzuweisen. Ein

Anhaltspunkt: Kurz bevor die Zähne raus sind, sieht man weiße Stellen auf dem Zahnfleisch – vorausgesetzt, das Kind lässt dich in den Mund schauen, was unwahrscheinlich ist.

Gegenmaßnahme: Tagsüber das Baby auf einem kalten und harten Gegenstand rumkauen lassen, zum Beispiel auf einer Möhre, die im Kühlschrank gelegen hat. Für nachts gibt es ein geniales Medikament, in dem in etwa das gleiche Betäubungsmittel drin ist, das der Zahnarzt vorm Bohren spritzt. Wie bei allen Arzneimitteln gilt: nicht in → Dosierpanik verfallen, sondern das Zeug großzügig verabreichen.

Wenn ihr den Klang einer lauten Babystimme mögt, könnt ihr das Zahnweh natürlich auch mit erwiesen unwirksamen Hausmitteln bekämpfen – mit der »Wohlfühlkette« aus Bernstein zum Beispiel. Du hast richtig gelesen: Diese Halskette für 15 Euro bekämpft gezielt die Schmerzen im Mund mit der Kraft von, na ja, Bernsteinen eben. Schon die alten Ägypter haben angeblich darauf geschworen, wenn sie nicht gerade mit Menschenopfern beschäftigt waren.

Aber zurück zum Thema: Die Bernsteinkette hilft auch bei Magenschmerzen und Krämpfen. Oder bei Lachkrämpfen nach dem Lesen der Gebrauchsanleitung.

ZWEIER

Eine erstaunliche Erfahrung: Sich allein um das Kind zu kümmern kann einfacher sein, als wenn die Mutter auch dabei ist. Das liegt an der Bürokratenseele von Kleinkindern: Wenn sie klipp und klar wissen, wer der Boss ist, mucken sie weniger auf. Deshalb sollten die Babyschichten nicht zu kurz sein. Am besten einen Tag du, einen Tag sie. Ist dauernd jemand anderes zuständig, rasten die Biester aus.

ZWEITES KIND

Nimm dir mal ein paar Minuten Zeit und denk über die positiven Seiten des Vaterseins nach.

(Pause)

Nichts übereilen. Dir fällt schon was ein.

(Pause)

(Pause)

Dir ist was eingefallen? Okay. Jetzt stell dir den gleichen Spaß einfach mal zwei vor. Nein, natürlich nicht mit dem gleichen Kind, sondern mit einem völlig anderen, neuen, besseren Baby! Einem, das keine hysterischen Anfälle kriegt und nicht in jedem Gebüsch nach gebrauchtem Fixerbesteck wühlt. Das schon zur Hebamme danke sagt und sich in der Wiege morgens höflich rumdreht, damit ihr daneben eine Geheimnummer schieben könnt (→ Sex).

Kurz gesagt: Stell dir die Zukunft mit einem zweiten Kind vor, das nach *dir* kommt.

Klingt doch toll, oder?

Leider wird beim Kind 2.0 nicht alles anders. Sondern nur schlimmer.

Sofort bemerken werdet ihr das nicht. Im Gegenteil: In den ersten Tagen nach der Geburt habt ihr erst mal das Gefühl, diesmal sei alles gutgegangen. Das Baby schreit weniger und macht insgesamt einen viel entspannteren Eindruck als euer erster Chucky. »Das ist aber ein ganz Ruhiger/eine ganz Ruhige«, versichert ihr euch gegenseitig.

Doch ihr habt euch böse getäuscht. Das zweite Kind ist in Wirklichkeit nämlich überhaupt nicht ruhiger – ihr habt euch bloß an Lärmpegel und Dauerstress gewöhnt! Nach ein paar Wochen, wenn das gleiche Geplärre wie vorher erklingt, jetzt in Stereo, wird es euch dämmern: Wir haben ein weiteres Monster geschaffen.

Dann beginnt das, was erfahrene Eltern als Knastperiode kennen: In den nächsten zwei Jahren bist du nicht mehr Vater, sondern nur noch Gefängnisaufseher. Du kannst dich weder mit dem einen noch mit dem anderen Kind in Ruhe beschäftigen, sondern sorgst nur noch dafür, dass niemand allzu schwer verletzt wird.

Woran liegt das? Daran, dass bei euch zu Hause ab sofort ein erbitterter Kampf tobt, und zwar der Kampf um deine Aufmerksamkeit. Und diesen Konflikt tragen die Kinder wie üblich hart und hinterfotzig aus (→ Kindergarchie). Sobald du zum Beispiel ein Buch zur Hand nimmst, um dem großen Geschwister etwas vorzulesen, wird das Nachgeborene eine Art von Stagediving auf die Seiten veranstalten, den Umschlag mit Sabber einweichen oder die Handreichung einfach zerreißen.

Große Kinder dagegen gehen subtiler vor, um dich auf ihre Seite zu ziehen. Die fragen ganz unschuldig: »Papa, erklär mir mal …«, weil sie genau wissen, dass du diesen Köder als besserwissender Vater und Mann schlucken musst. Was willst du auch anderes tun? Willst du sagen: »Ich kann dir die Welt jetzt nicht erklären, weil ich mich darauf konzentrieren muss, mit deinem Geschwisterchen bunte Plastikförmchen in bunte Plastiklöcher zu stecken!«?

Dieser Konkurrenzkampf wird im Lauf der Zeit immer grotesker. Was das eine Kind hat, muss das andere auch haben. Ohne Ausnahme. Angenommen, du sagst: »Der Kleine ist in einen rostigen Nagel getreten, und ich muss jetzt den Eiter abtupfen«, wird sein großes Geschwister ganz selbstverständlich seinen eigenen rostigen Nagel fordern.

In der Illusion, Harmonie schaffen zu können, beginnst du alles, wirklich alles in doppelter Ausführung zu kaufen. Vergiss es! Selbst Gegenstände, die dir identisch erscheinen mögen, müssen noch lange nicht identisch sein. Große Geschwister besitzen Augen, die selbst auf molekularer Ebene Unterschiede ausmachen können; und für die Bilanz der vermeintlichen Ungerechtigkeiten haben sie ein unfassbar präzises Gedächtnis.

Egal, wie du dich als König Salomon auch anstrengst: Du bekommst 50:50 niemals hin. Es ist immer irgendwie 49:51 – und deshalb lebt es sich mit zwei Kindern ungefähr so harmonisch wie mit einer Jugendgruppe, die je zur Hälfte (das ist nicht die Hälfte!) aus Israelis und aus Palästinensern besteht.

Natürlich gibt es Gegenmaßnahmen: Nutze etwa den Mittagsschlaf des kleinen Kindes, um exklusiv Zeit mit dem großen zu verbringen; oder beschäftige dich mit dem Nesthäkchen, wenn das Geschwister im Kindergarten ist. Doch selbst dann bleiben noch gute sechs Stunden am Tag, die ihr zu dritt durchstehen müsst. Für dieses Gefangenendilemma gibt es keine Lösung. Wie im echten Knast heißt die Devise: durchhalten.

Nach etwa zwei Jahren wirst du entlassen, und zwar wenn die Geschwister anfangen, miteinander – und nicht nur mit den Körperteilen des anderen – zu spielen.

2:1-REGEL

»Wir teilen uns einfach die Arbeit.« Wenn dieser Satz irgendwann während der Schwangerschaft fällt, solltest du hellhörig werden. Denn dann bist du kurz davor, mächtig über den Tisch gezogen zu werden. Erst mal musst du die Kröte natürlich schlucken, da Widerworte während der Schwangerschaft in etwa so wirken wie Benzin auf ein Lagerfeuer. Rette dich mit etwas Unverbindlichem wie »auf jeden Fall« über die Runden. Lass dich bloß nicht auf Details festnageln! Du wirst es sonst bitter bereuen.

Das mit der Arbeitsteilung haben sich die Frauen nämlich fein ausgedacht. Zunächst klingt ihr Plan immer ganz harmlos: »Du betreust drei Tage, ich drei Tage – das ist nur gerecht.« Auf den ersten Blick macht diese Kalkulation tatsächlich einen fairen Eindruck. Doch in der Praxis führt sie zu Ungerechtigkeit, die mindestens so laut schreit wie euer Kind.

Das Perfide an dieser Rechnung ist nämlich: Während für die Ladys ein Babytag – Mutter Natur sei Dank – kaum anstrengender ist als ein Einkaufsbummel am Samstagmorgen, fühlt er sich für dich an wie ein Einkaufsbummel am Samstagmorgen, also wie eine unendliche Wurzelbehandlung. Frauen können einfach viel besser mit Launen, geballter Irrationalität und unkontrollierten Gefühlsausbrüchen umgehen. Warum auch immer. Umgekehrt könnten wir Jungs sagen: »Ich klopfe drei Tage Steine, dann klopfst du drei Tage Steine.« Wie gerecht wäre das?

Babyzeit solltest du deshalb immer im Verhältnis zwei zu eins umrechnen: Ein Tag von dir zählt so viel wie zwei von ihr. Nach dieser Rechnung reicht es, wenn du einen Tag in der Woche Babydienst schiebst. Nimmst du noch das Wochenende dazu (da musst du ohnehin ran), steht es vier zu vier – und, voilà, schon habt ihr euch die Arbeit geteilt.

Schlusswort

Und? Klingt ziemlich übel, oder? Lass dich nicht runterziehen. Denn alles, was du hier gelesen hast, ist nur die halbe Wahrheit. Die volle Wahrheit klingt deutlich besser: Vater sein macht viel Spaß. Die Sache lässt sich einfach nur schlecht verkaufen. Was daran nervt, ist schnell erklärt. Die guten Seiten am Kinderhaben dagegen musst du selbst in harter Arbeit rausfinden.

Doch eines ist sicher: Es lohnt sich, ein neuer Vater zu sein. Wenn du dich in den nächsten drei Jahren als Herdmännchen betätigst, bringst du nämlich eine Saat aus. Eine Saat der Liebe, der Zuwendung, der Wärme. Und irgendwann, in vielen, vielen Jahren, wird sie aufgehen und reiche Frucht tragen. Dann kommt der Tag, an dem das Kind, dem du gerade noch die Windeln gewechselt hast, wieder vor deiner Tür steht. Es wird so alt sein wie du jetzt und längst eigene Kinder haben. Mit Tränen in den Augen und belegter Stimme wird es zu dir sagen: »Papa, kannst du mir Geld leihen? Wir wollen bauen.«

In diesem Sinne: Nutze die ersten (und letzten) drei Jahre, in denen dein Kind das Konzept *Geld* noch nicht kennt. Viel Spaß in deinem Leben als neuer Vater.

An dieser Stelle wäre Schluss. Und du weißt, was das bedeutet: Es ist Zeit für ein Lied.

Also bitte schön:

»Alle Leut',

alle Leut',

gehn jetzt nach Haus.«

Und nicht vergessen, bei »Haus« mit den Armen das Dach zu machen.

ENDE